この問題集の特長

「まとめる」って、どういうこと？

話がまとまらない。

考えがまとまらない。

読んだ文章をまとめられな

問題で、筆者の主張をまとめ

言われても、うまく書けない

あるいは、話し合いの場で

ながらも、話をまとめていく

きない。

そんな経験は、子どもでも

誰にでもあるでしょう。

ところで、考えてみたことがありますか？

そもそも「まとめる」って、どういうことなんだろう？　と。

まとめるというのは、束にするイメージがあり、やや比喩的な表現です。より正確に言えば、「まとめる」とは「抽象化する」ことです。

抽象化？

具体化の反対でしょ、そのくらいは分かる——と思いますか？

じゃあ、文章を抽象化するって、どういうことでしょう？

知っているようで、知らなかった。

そんな気がしてきましたね。

この本は、ひとことで言えば「抽象化」の練習をする本です。

この本を手にした小学生、あるいは中高生や大人のみなさんが、「まとめる」というプロセスに手ごたえを感じてもらえるように——そんな願いをこめて作り上げた一冊です。

ぜひ、チャレンジしてみてください。

感動・感謝の声、続々！

シリーズ累計六十万部を突破（※）した「ふくしま式」問題集には、たくさんの「声」が届いています。

（※二〇二三年秋現在）

◎「これまでは、ただなんとなく読み書きしていただけの息子が、読み方・書き方を意識するようになったのが何よりの収穫です」（小四男子の保護者）

◎「書くのが楽しい、なんてうちの子がつぶやいていたのが、本当に驚きでした」（小二男子・小六女子の保護者）

◎「子ども向けかと思いきや、大人にも手ごたえがある。本当の◯◯っていうタイトル、盛ってないですね」（三十代ビジネスマン）

子どもも大人も、楽しみながら手ごたえを感じることのできる問題集。

さあ、今すぐ始めましょう！

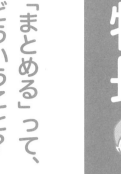

ふくしま式《しき》「本当《ほんとう》の要約力《ようやくりょく》」が身《み》につく問題集《もんだいしゅう》 ●もくじ

Part 3 長《なが》い文章《ぶんしょう》を要約《ようやく》する

ブックデザイン 村﨑和寿

子どもから大人まで要約力は誰にとっても不可欠

国語専門塾で日々指導する中で、私はよく、次のように生徒に話します。

「文章をまともに要約できるようになれば、国語の勉強は完成したと言ってもいいんだよ」

要約の重要性を伝える文脈で、そう話すわけです。

しかし実のところ、国語の勉強に「完成」などありません。人間、幼少期に言葉を覚えてから年老いて死に至るその瞬間まで、言葉を使わずに生きる日は一日たりともありません。

ですから、国語の勉強に完成はなく、要約力を身につけるプロセスにも、ゴールはないのです。

つまり、要約力というものは、子どもから大人まで誰にとっても、必要不可欠なものだということです。

ただ、短期的には、それぞれの立場ごとにそれぞれの「ゴール」がある、とも言えるでしょう。

たとえば、小学生や中高生にとっては、受験や進学というゴールです。そのとき、要約力というものは、国語科だけでその価値を発揮するわけではありません。

たとえば、国語の中学入試問題において記述式設問が多い学校では、理科や社会、あるいは算数においてでさえ、文章による出題がなされ、文章によって答えをまとめていく力が、求められます。

つまり、子どもたちにとって要約力というのは、国語科のみならず全教科の基盤となっているのです。

むろん、入試に限ったことではありません。文学、心理学、哲学、数学、医学、天文学、社会科学……あらゆる学問は、言葉ないし文章によって、追究していくものです。ビジネス等の職業の場や、趣味・スポーツなどの場、その他さまざまな社会生活の場においても、同じように、要約力は不可欠です。

要約とは、「文章を読んでまとめる」こととイコールではありません。要約とは、「思考」を整理すること、そのものです。そして、その整理から「価値判断」が生まれ、その価値判断があらゆる「選択」に影響します。

この本は、小学生から大人まで、全ての方々を対象としています。全ての方々が、思考を整理し、正しい価値判断をし、悔いのない選択をしていくことができるよう、この本は世に送り出されたのです。

この本の全体像

スモールステップで進めるうちに、だんだんと力がつく。それが「ふくしま式」。

要約力の上達

↑

Part 3
長い文章を要約する

↑

Part 2
短い文章を要約する

↑

Part 1
1文を要約する

[ア]は[A]だが、[イ]は[B]。38ページ

[ア]は[A]ではなく、むしろ[B]。
[ア]は[A]よりも、むしろ[B]。
40ページ

[ア]は[1]（な）ため[A]。44ページ

[ア]は[1]（な）ため[A]。
しかし、[イ]は[2]（な）ため[B]。
だから、[ア]よりも[イ]のほうが[C]。
46ページ

[ア]は（[1]（な）ため）[A]。
しかし実際には、（[ア]は、）むしろ[B]。
というのも、[2]だからだ。
52・56ページ

・まずは１文を短くするところから始め、徐々に長文へと移行していきます。
・短い文章を、何種類かの「型」によって要約します。型を意識して読むと、文章の骨組みが浮き彫りになってきます。
・長文の要約も、基本的な考え方は短文のときと同じです。

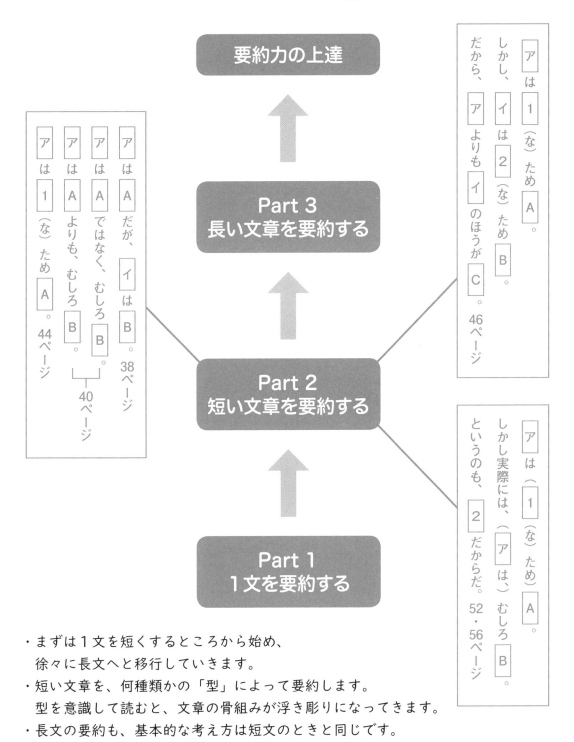

関係整理力が「要約力」を高める

同等関係とは、抽象と具体の関係のこと。

みかん・りんご・バナナ → 抽象化 つまり → 果物

果物 → たとえば 具体化 → みかん・りんご・バナナ

【要約とは、原則として「抽象化」することであると心得よ】

抽象化の方法①……〈具体〉をカットする

抽象化の方法②……〈具体〉を言いかえる

同等関係整理力
（言いかえる力）

要約力を高めるための
３つの「関係整理力」

対比関係整理力
（くらべる力）

38ページ
40ページ
46ページ…など参照

因果関係整理力
（たどる力）

【原因と結果の関係】
42ページ
44ページ
46ページ…など参照

【「対比の観点の統一」が重要！】

「昨日はよい天気だった[A]が、今日はつまらなかった[B]」では伝わらない。Aが「よい」ならばBは「悪い」（反対語）、または「よくない」（否定表現）とすべき。A・Bを反対語・否定表現でそろえることを、「観点の統一」と呼ぶ。これが、分かりやすい要約文を書く際のカギとなる。

そもそも要約とは何か？

そもそも要約とは何か。そう問われて、どう答えますか？ 「短くすること」「まとめること」……どれも、間違ってはいません。しかし、不十分です。

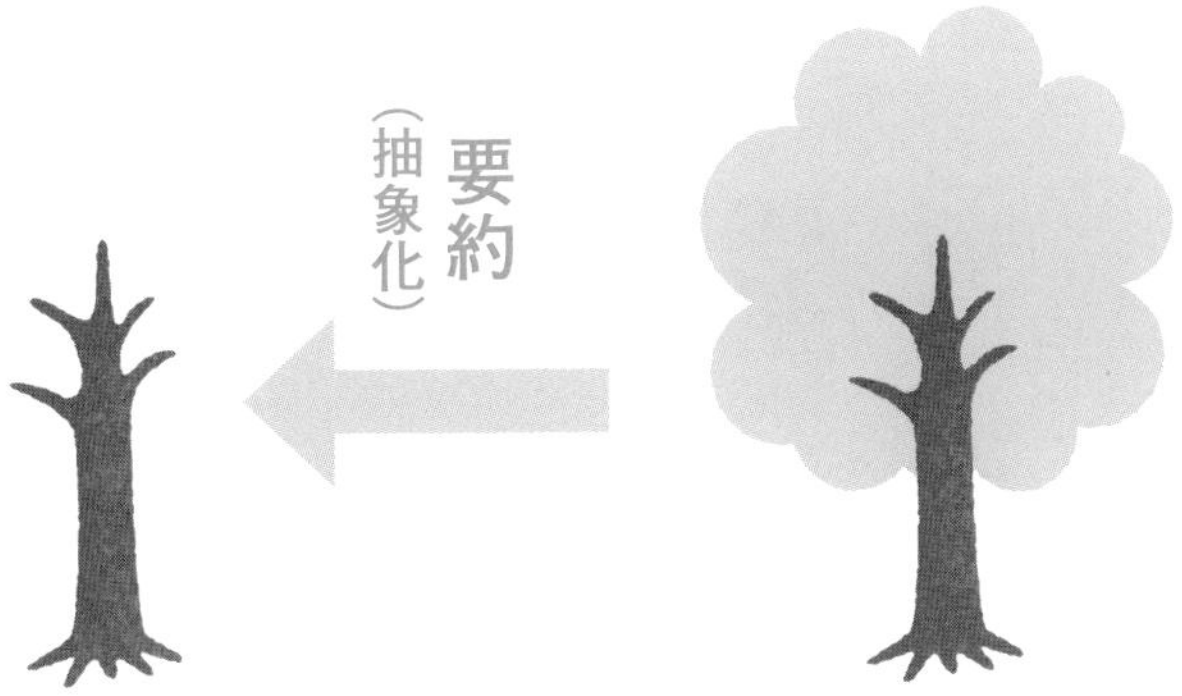

要約とは、いわば枝葉を捨てて、根と幹だけにすることです。あるいは、肉をそぎ落して、骨だけにすることです。

それは、ひとことで言えば「抽象化」の作業です。

そこでは、抽象的な骨組みをいかに正確に残していくかが問われます。

捨てすぎてもダメ。残しすぎてもダメ。大切な幹、大切な骨は、どこなのか。これを見極めることが求められるのです。

そのとき大切になるのが、「関係を整理する」という意識です。右ページに示す「同等関係・対比関係・因果関係」を整理すること。これができるようになれば、要約の正確性は増します。

長くて分かりにくい文章。

具体的な記述が多すぎて、まとまりのない文章。

複雑でこんがらがった文章。

そういった文章も、言葉で書かれている以上、言葉と言葉の関係を整理することができます。ちらかった部屋も、いつかは片づくのです。

この本は、その「整理」を練習するための本です。

5ページに示すように、まずは一文からスタートです。

一文を整理して短くすることに慣れたら、次は短めの文章に移行します。いくつかの「型」を用いて、整理する練習を積み重ねます。

そして、長文へと進みます。ハードルは高いですが、経験を積むことで「整理」に慣れてほしいと思います。

なお、この本には文学的文章（物語・小説）は登場しません。文学的文章の場合、文章そのものを要約するというよりも、展開やあらすじをまとめる方向に進めてしまいがちであり、要約の練習としては、あまり向いていないと考えています。

この問題集の使い方

この問題集では、難易度を四段階に分けています。

★……小学1～3年で解ける
★★……小学2～4年で解ける
★★★……小学3～5年で解ける
★★★★……小学5年以上で解ける

ただ、問題によっては、中高生や大人でもつまずくことがあるでしょう。そんなときのために「ヒントページ」を用意していますので、随時、活用してください。

この問題集にはもちろん解答欄（マス目）が用意されていますが、書き直す作業が多くなってきた場合には、原稿用紙などを使ってもよいかもしれません。

解答例を書き写すような場合は、一字一句を機械的に写すのではなく、工夫して取り組みましょう。たとえば、前半は写して書き、後半は暗記してから書くようにするだけでも、思考が働き出すはずです。

（注意事項）

① たとえば「30字以内」と指定されたとします。この場合、「26字以上」で書くのが暗黙のルールです。もし23字で書けるとしたら、出題者は「25字以内」と指定するはずだからです。気をつけましょう。

② 学年によっては、まだ習っていない漢字がかなり出てきます。たとえば「要約」という字を習っていないときに「ようやく」と書くと、文字数が二字増えてしまいます。そうすると、指定字数をオーバーしてしまいますので、一マスに二字のひらがなを書くなどして、調整してください。

③ この本では、算用数字と漢数字をどちらも使用しています。見やすさ、読みやすさを考え、ケースバイケースで使い分けていますので、あるときに「三」で、あるときに「3」でも、あまり気にしないようにしてください。

④ 得点は全て100点満点です。なお、採点に関して、108ページに説明があります。一読しておきましょう。

それでは、始めましょう。

Part 1

1文《ぶん》を要約《ようやく》する

1文《ぶん》を、正確《せいかく》に読《よ》む。

1文《ぶん》を、わかりやすく書《か》く。

それが、要約力《ようやくりょく》の基盤《きばん》となります。

1 述語《じゅつご》（述部《じゅつぶ》）を引《ひ》き出《だ》す

月　日

点《てん》

解説《かいせつ》 「まず述《じゅつ》」！

きれいな　シャボン玉《だま》が　ふわふわと　浮《う》かぶ。

（主部《しゅぶ》：きれいな　シャボン玉が／主語《しゅご》：シャボン玉が／述部《じゅつぶ》：ふわふわと　浮かぶ。／述語《じゅつご》：浮かぶ。）

一文要約《いちぶんようやく》で最《もっと》も大切《たいせつ》なのは述語《じゅつご》（述部《じゅつぶ》）、次《つぎ》が主《しゅ》語《ご》（主部《しゅぶ》）です。述語《じゅつご》は文《ぶん》の意味《いみ》を支《ささ》えます。「まず述《じゅつ》！」と覚《おぼ》えましょう。述語《じゅつご》は通常《つうじょう》、文《ぶん》の最後《さいご》にあります。ただし、「今日《きょう》は暑《あつ》いね」を「暑《あつ》いね今日《きょう》は」とするような倒置法《とうちほう》の場合《ばあい》は、最後《さいご》にはなりません。述語《じゅつご》はあくまで「暑《あつ》いね」のままです。

二《ふた》つ以上《いじょう》の文節《ぶんせつ》（自然《しぜん》に区切《くぎ》ったときの言葉《ことば》の単位《たんい》）になる場合《ばあい》、「主語《しゅご》・述語《じゅつご》」のことを「主部《しゅぶ》・述部《じゅつぶ》」と呼《よ》びます。なお、本書《ほんしょ》では「主語《しゅご》・主部《しゅぶ》・主題《しゅだい》」を「主《しゅ》」、「述語《じゅつご》・述部《じゅつぶ》」を「述《じゅつ》」と略《りゃく》すことがあります。

1 次《つぎ》の各文《かくぶん》の述語《じゅつご》に——を引《ひ》きなさい。　6点《てん》×3 ★

① いたずらした　子《こ》を　先生《せんせい》が　注意《ちゅうい》した。

② 買《か》ったばかりの　鉛筆《えんぴつ》が　なくなった。

③ 停電《ていでん》で　急《きゅう》に　明《あ》かりが　消《き》えた。

2 次《つぎ》の各文《かくぶん》の述部《じゅつぶ》に——を引《ひ》きなさい。二文節《にぶんせつ》（言葉《ことば》のまとまり二《ふた》つ）に引《ひ》きます。　7点《てん》×4 ★

① 彼女《かのじょ》は　恥《は》ずかしくて　目《め》を　そらした。

② ボールが　坂道《さかみち》を　転《ころ》がって　くる。

③ 弟《おとうと》が　プレゼントを　喜《よろこ》んで　くれた。

④ 気持《きも》ちを　こめて　深《ふか》く　頭《あたま》を　下《さ》げた。

解説《かいせつ》・解答《かいとう》は108ページ～

3 次《つぎ》の各文《かくぶん》の述部《じゅつぶ》に——を引《ひ》きなさい。三文節《さんぶんせつ》（言葉《ことば》のまとまり三《みっ》つ）に引《ひ》きます。

6点《てん》×6 ★

① 起《お》きた　あと　オフに　し忘《わす》れた　目覚《めざ》まし時計《どけい》の　音《おと》が、　ずっと　鳴《な》り響《ひび》いて　いた。

② プロ野球選手《やきゅうせんしゅ》は、　ただ　キャッチボールをするだけでも、　美《うつく》しい　動《うご》きを　する。

③ リーダーが　最後《さいご》に　言《い》った　ひとことは、清《きよ》く　正《ただ》しく　美《うつく》しかった。

④ 卒業生《そつぎょうせい》が　金《きん》メダリストだなんて、　とてもうれしく　誇《ほこ》らしい。

⑤ とげの　ある　言《い》い方《かた》だなあ、　それは。

⑥ ついに　やって　きたね、　発表会《はっぴょうかい》の　日《ひ》が。

4 次《つぎ》の各文《かくぶん》には、省略《しょうりゃく》されている述語《じゅつご》があります。それを考《かんが》えて、（　）に書《か》きなさい。

6点《てん》×3 ★

① 僕《ぼく》は挑戦《ちょうせん》したんだから、きみも。（　　　　）

② 昨日《きのう》はあんなに寒《さむ》かったのに、今日《きょう》はこんなに。（　　　　）

③ 僕《ぼく》はコーヒーを頼《たの》むけど、きみは何《なに》を？（　　　　）

ここがポイント！

「文節《ぶんせつ》に分《わ》ける」「述語《じゅつご》と述部《じゅつぶ》を区別《くべつ》する」といった意識《いしき》は、さほど重要《じゅうよう》ではありません。述部《じゅつぶ》を述語《じゅつご》と呼《よ》んだからといって、たいした害《がい》はありません。「要約《ようやく》」という目的《もくてき》のために大切《たいせつ》なのは、おおまかに「意味《いみ》をつかむ」ことであり、そのような細《こま》かい形式的《けいしきてき》ルールにこだわりすぎる必要《ひつよう》はありません。安心《あんしん》してください。

2 主語《しゅご》（主部《しゅぶ》）を引《ひ》き出《だ》す

月　日

点《てん》

解説《かいせつ》 主語《しゅご》を見《み》つけるにも、まず述《じゅつ》！

「雨雲《あまぐも》が迫《せま》ってくるのを知《し》って、母《はは》は洗濯物《せんたくもの》を急《いそ》いで取《と》り入《い》れた」

この文《ぶん》の主語《しゅご》を「雨雲《あまぐも》が」だと思《おも》ってしまう人《ひと》がいるかもしれませんが、正《ただ》しくは「母《はは》は」です。

主語《しゅご》を見《み》つける際《さい》に大切《たいせつ》なのは、「まず述語《じゅつご》を見《み》つける」ということです。そして、その述語《じゅつご》に対《たい》して、「何《なに》が？」または「誰《だれ》が？」と考《かんが》えるのです。

取《と》り入《い》れた↓誰《だれ》が？↓母《はは》が

このように考《かんが》えれば、**文全体《ぶんぜんたい》の主語《しゅご》**を見誤《みあやま》ることは少《すく》なくなります。

もちろん、「雨雲《あまぐも》が迫《せま》ってくる」というのは一《ひと》つの文《ぶん》ですから、「迫《せま》ってくる」の主語《しゅご》は「雨雲《あまぐも》が」です。しかし、これは文全《ぶんぜん》体《たい》を支《ささ》える述語《じゅつご》「取《と》り入《い》れた」の主語《しゅご》ではありません。

1 次《つぎ》の各文《かくぶん》の主語《しゅご》に——を引《ひ》きなさい。

10点《てん》×3 ★

① 強風《きょうふう》で　髪《かみ》が　バサバサに　なった。

② プロに　頼《たの》んだら、パソコンが　直《なお》った。

③ 休《やす》んで　いた　選手《せんしゅ》が、試合《しあい》に　復帰《ふっき》した。

2 次《つぎ》の各文《かくぶん》の主部《しゅぶ》に——を引《ひ》きなさい。二文節《にぶんせつ》（言葉《ことば》のまとまり二《ふた》つ）に引《ひ》きます。

10点《てん》×3 ★

① 負《ま》けた　ユウジは　大《おお》きな　ため息《いき》を　ついた。

② 大声《おおごえ》を　出《だ》すのは　禁止事項《きんしじこう》です。

③ メンバー同士《どうし》で　お互《たが》いを　信《しん》じることが　大切《たいせつ》です。

解説《かいせつ》 日本語《にほんご》の主語《しゅご》は省略《しょうりゃく》されやすい

「行《い》きの荷物《にもつ》は軽《かる》かったが、帰《かえ》りは重《おも》かった」

この文《ぶん》の述語《じゅつご》は「重《おも》かった」ですが、それに対《たい》する主語《しゅご》を考《かんが》える際《さい》に「何《なに》が？」と問《と》いかけないと、つい「帰《かえ》りは」を主語《しゅご》としてしまいます。

重《おも》かった↓何《なに》が？↓荷物《にもつ》が

となるため、主語《しゅご》は「荷物《にもつ》が」となります。前半《ぜんはん》に「荷物《にもつ》は」と書《か》かれていますが、これは正確《せいかく》には「軽《かる》かった」の主語《しゅご》であり、「重《おも》かった」の主語《しゅご》は省《しょう》略《りゃく》されている、ということになります。

省略《しょうりゃく》された主語《しゅご》を補《おぎな》うことは、要約《ようやく》において大切《たいせつ》な作業《さぎょう》です。

3 次《つぎ》の各文《かくぶん》の——部《ぶ》に対《たい》する主語《しゅご》を考《かんが》えて、（　）に書《か》きなさい。

8点《てん》×5 ★

① 朝《あさ》、空《そら》は明《あか》るかったが、昼《ひる》には暗《くら》くなった。

（　　）

② 新《あたら》しいのは手前《てまえ》？ それとも、奥《おく》の？

（　　）

③ 先生《せんせい》は、朝《あさ》から不機嫌《ふきげん》だった。忘《わす》れ物《もの》をした子《こ》に対《たい》して、いつもはやさしいのに、今日《きょう》は怒鳴《どな》っていた。

（　　）

④ マンションの高層階《こうそうかい》なのに、セミがベランダにとまっていることが多《おお》い。今日《きょう》は、昨日《きのう》と違《ちが》ってずっとジージー鳴《な》いている。

（　　）

⑤ 彼女《かのじょ》は言《い》った。「じゃあ、また半年後《はんとしご》にね」つぶやくようにひとこと言《い》い残《のこ》し、姿《すがた》を消《け》した。

（　　）

ここがポイント！

❸文《ぶん》や文章《ぶんしょう》の中《なか》で一度《いちど》登場《とうじょう》した主語《しゅご》は、次《つぎ》に主語《しゅご》が切《き》り替《か》わるまでの間《あいだ》、省略《しょうりゃく》され続《つづ》けることがあります。

3

主題《しゅだい》を引《ひ》き出《だ》す

月　日

点《てん》

解説《かいせつ》 実《じつ》は主語《しゅご》より「主題《しゅだい》」が大切《たいせつ》！

「今日《きょう》は、いい天気《てんき》だ」

この文《ぶん》の主語《しゅご》は何《なに》かと問《と》われたとき、「今日《きょう》は」だと考《かんが》える人《ひと》が多《おお》いでしょう。たしかに、「今日《きょう》」という日《ひ》が「好天《こうてん》の状態《じょうたい》にある」と考《かんが》えれば、主語《しゅご》であると言《い》えます。しかし、表現《ひょうげん》どおりに読《よ》めば、主語《しゅご》は書《か》かれていない（省略《しょうりゃく》されている）と考《かんが》えるべきでしょう。主語《しゅご》というのは一般《いっぱん》に「が」（主格《しゅかく》の助詞《じょし》）をつけても通《つう》じるはずですが、「今日《きょう》が天気《てんき》だ」では意味《いみ》が通《つう》じませんね。では、どう考《かんが》えるべきか。

「今日《きょう》は、天気《てんき》がいい天気《てんき》だ」

つまり「天気《てんき》が天気《てんき》だ」という文《ぶん》なのです。

こういう文《ぶん》は日常的《にちじょうてき》に登場《とうじょう》します。「この写真《しゃしん》、古《ふる》い写真《しゃしん》だよね」「この人《ひと》は優《やさ》しい人《ひと》だ」など、主《しゅ》語《ご》と述語《じゅつご》が一致《いっち》するケースは珍《めずら》しくないのです。

だからといって、文意《ぶんい》を考《かんが》える際《さい》、分《わ》かり切《き》った主語《しゅご》をいちいち補《おぎな》うべきかというと疑問《ぎもん》も残《のこ》ります。

実《じつ》は、大切《たいせつ》なのは主語《しゅご》というより「主題《しゅだい》」です。

先《さき》ほどの「今日《きょう》は」は、「主題《しゅだい》」であると考《かんが》えるのです。「今日《きょう》という主題《しゅだい》について言《い》うと、天気《てんき》が、いい天気《てんき》だ」と考《かんが》えるわけです。

「は」は主題《しゅだい》を表《あらわ》す。
同時《どうじ》に主語《しゅご》を表《あらわ》すこともある。※

これが、意味《いみ》を考《かんが》える上《うえ》で最《もっと》も正確《せいかく》なとらえ方《かた》なのです。今《いま》のうちに、よく覚《おぼ》えておきましょう。

日本《にほん》の学校《がっこう》における「国語教育《こくごきょういく》」では「主語《しゅご》」にこだわる傾向《けいこう》がありますが、外国人《がいこくじん》に対《たい》する「日本語教育《にほんごきょういく》」では、むしろ「主題《しゅだい》」の考《かんが》え方《かた》のほうが一般的《いっぱんてき》です。／この本《ほん》では、「主語《しゅご》（主題《しゅだい》）」「主題《しゅだい》（主語《しゅご》）」といった表記《ひょうき》が出《で》てきますが、主《しゅ》たる働《はたら》きが主語《しゅご》なのか主題《しゅだい》なのか、といった程度《ていど》の差《さ》です。迷《まよ》ったら「主題《しゅだい》」と考《かんが》えればよいでしょう。

※「は」の働《はたら》きとしては、ほかに「対比《たいひ》」などもありますが、まずは「主題《しゅだい》」と覚《おぼ》えましょう。

1

次《つぎ》の各文《かくぶん》の――部《ぶ》に対《たい》する「主題《しゅだい》」を見《み》つけ、――を引《ひ》きなさい（一文節《いちぶんせつ》で引《ひ》きます）。

9点《てん》×7 ★

① 怒《おこ》った 先生《せんせい》は 顔《かお》が 鬼《おに》のようだ。

② 妹《いもうと》は 私《わたし》よりも 身長《しんちょう》が 高《たか》い。

③ プロ野球選手《やきゅうせんしゅ》は 動《うご》きに 無駄《むだ》が ない。

④ 映画《えいが》は 映画館《えいがかん》で 見《み》るから 価値《かち》が ある。

⑤ 二人《ふたり》でカフェに入《はい》った。彼女《かのじょ》は ショートケーキ。僕《ぼく》は パフェだ。

⑥ スマホなどというものが なかった 時代《じだい》には、駅《えき》で 待《ま》ち合《あ》わせするにも ひと苦労《くろう》していた。

⑦ 図書室《としょしつ》では 静《しず》かにするのが マナーだ。

2

次《つぎ》の各文《かくぶん》の――部《ぶ》に対《たい》する「主題《しゅだい》」を見《み》つけ、――を引《ひ》きなさい（二文節《にぶんせつ》で引《ひ》きます）。

9点《てん》×3 ★

① この 消《け》しゴムは、 安《やす》いのに よく 消《き》える。

② この 物語《ものがたり》は、 五回《ごかい》も 泣《な》いた。

③ この 中学《ちゅうがく》は、 優秀《ゆうしゅう》な 生徒《せいと》を 集《あつ》めている。

3

2の①〜③の中《なか》に、主題《しゅだい》が同時《どうじ》に主語《しゅご》も表《あらわ》しているものが一《ひと》つだけあります。その番号《ばんごう》を書《か》きなさい。

（　　）

10点《てん》★★

ここがポイント！

1⑥・⑦……「〜には」「〜では」「〜とは」なども、「主題《しゅだい》」になることができます。

解説《かいせつ》・解答《かいとう》は110ページ

4 「主題《しゅだい》＋述部《じゅつぶ》」で要約《ようやく》する

月　日
点《てん》

解説《かいせつ》 よく見《み》る文《ぶん》のパターンを意識《いしき》！

ここまで、二《ふた》つのことを学《まな》びました。文意《ぶんい》をつかむには、何《なに》よりも述語《じゅつご》（述部《じゅつぶ》）が重要《じゅうよう》であること。次《つぎ》に、主語《しゅご》（主部《しゅぶ》）および主題《しゅだい》が重要《じゅうよう》であること。

ここで、「主題《しゅだい》＋述部《じゅつぶ》」の形《かたち》で実際《じっさい》に要約文《ようやくぶん》を作《つく》ってみましょう。今回《こんかい》は、実《じつ》はこれまでにも登場《とうじょう》している、次《つぎ》のような形《かたち》の文《ぶん》を扱《あつか》います。

主題《しゅだい》［ア］は　述部《じゅつぶ》［A］。

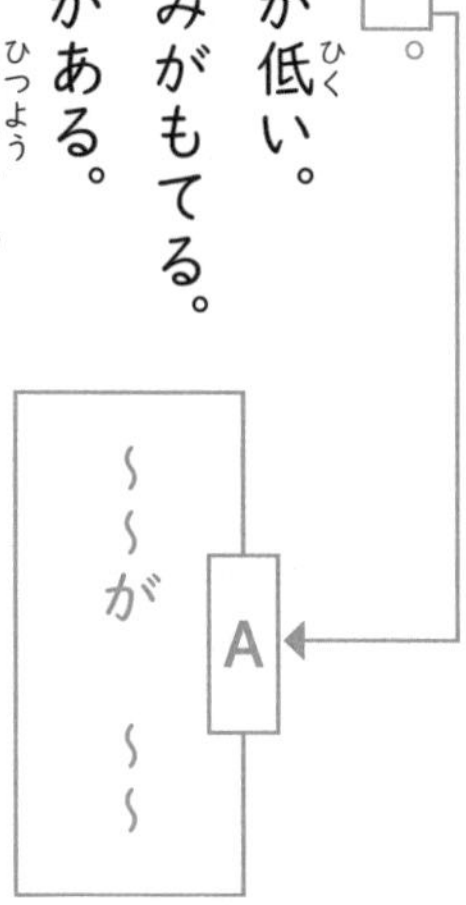

今日《きょう》は　気温《きおん》が低《ひく》い。
彼女《かのじょ》は　親《した》しみがもてる。
彼《かれ》には　腕力《わんりょく》がある。
ここでは　帽子《ぼうし》が必要《ひつよう》だ。

実《じつ》はこの形《かたち》、日常的《にちじょうてき》に登場《とうじょう》するのです。

---

1 次《つぎ》の各文《かくぶん》を要約《ようやく》したそれぞれのア～ウのうち、最《もっと》もふさわしい要約文《ようやくぶん》を一《ひと》つずつ選《えら》び、記号《きごう》にマルをつけなさい。

15点《てん》×2 ★

① テレビというのは、ラジオのように音声《おんせい》だけではなく、目《め》に見《み》える映像《えいぞう》がある分《ぶん》だけ、想像力《そうぞうりょく》が働《はたら》きにくい。

ア　テレビは働《はたら》きにくい。
イ　想像力《そうぞうりょく》が働《はたら》きにくい。
ウ　テレビは想像力《そうぞうりょく》が働《はたら》きにくい。

② ラジオというのは、テレビのように目《め》に見《み》える映像《えいぞう》がなく音声《おんせい》だけなので、想像力《そうぞうりょく》が必要《ひつよう》になる。

ア　想像力《そうぞうりょく》が必要《ひつよう》になる。
イ　ラジオは想像力《そうぞうりょく》が必要《ひつよう》になる。
ウ　ラジオは必要《ひつよう》になる。

解説《かいせつ》・解答《かいとう》は111ページ

2

次《つぎ》のそれぞれの文《ぶん》・文章《ぶんしょう》を要約《ようやく》しなさい。（　）に書《か》かれた文字数《もじすう》で書《か》くこと（句読点《くとうてん》も字数《じすう》に含《ふく》む）。

14点《てん》×5 ★★

① 手書《てが》きの文字《もじ》には、書《か》いた人《ひと》の個性《こせい》や、そのときそのときの感情《かんじょう》がにじみ出《で》るから、どことなくあたたかみがある。（52字《じ》→20字《じ》以内《いない》）

② プロの料理《りょうり》には、長年《ながねん》の経験《けいけん》から生《う》まれる、素人《しろうと》にはまねのできない深《ふか》みがある。（37字《じ》→15字《じ》以内《いない》）

③ 今度《こんど》の相手《あいて》チームはこれまでで最《もっと》も強《つよ》いから、戦《たたか》うにあたってこれまでにない工夫《くふう》が求《もと》められる。（44字《じ》→20字《じ》以内《いない》）

④ 新聞《しんぶん》というのは、今《いま》まさに起《お》こっていることをリアルタイムで載《の》せることができない。早《はや》くても数時間前《すうじかんまえ》のできごとしか載《の》せられないので、情報《じょうほう》の新《あたら》しさに限界《げんかい》がある。（76字《じ》→20字《じ》以内《いない》）

⑤ 次《つぎ》に来《く》る台風《たいふう》は、予想《よそう》されているよりもだいぶスピードが速《はや》いらしい。（32字《じ》→20字《じ》以内《いない》）

ここがポイント！

主題《しゅだい》、主部《しゅぶ》、述部《じゅつぶ》のいずれについても、その文節《ぶんせつ》の数《かず》に決《き》まりはありません。そのつど、意味《いみ》をつかむために必要《ひつよう》な長《なが》さを、考《かんが》えることになります。

5

「述《じゅつ》」に直結《ちょっけつ》する言葉《ことば》を加《くわ》えて要約《ようやく》する

月　日

点《てん》

解説《かいせつ》　ポイントは「直接結《ちょくせつむす》びつく」かどうか

「主《しゅ》＋述《じゅつ》」で要約《ようやく》した場合《ばあい》、そこには最低限必要《さいていげんひつよう》な情報《じょうほう》しか入《はい》りません。しかし、ほかにも大切《たいせつ》な情報《じょうほう》がある場合《ばあい》、それも含《ふく》めて要約《ようやく》するべきでしょう。では、どの言葉《ことば》を優先《ゆうせん》するか。

文《ぶん》の要約《ようやく》では、「述《じゅつ》」に直結《ちょっけつ》する言葉《ことば》を優先《ゆうせん》する。

これが基本《きほん》です（「述《じゅつ》」とは、「述語《じゅつご》（述部《じゅつぶ》）」のこと）。

そもそも、「主《しゅ》」（主題《しゅだい》・主語《しゅご》（主部《しゅぶ》））も、「「述《じゅつ》」に直結《ちょっけつ》する言葉《ことば》」の一《ひと》つにすぎません。実《じつ》は、日本語《にほんご》では、「主《しゅ》」だけが〝偉《えら》い〟わけではないのですね。「主《しゅ》」が省略《しょうりゃく》されることも、多々《たた》あります。

さて、前項《ぜんこう》で登場《とうじょう》した次《つぎ》の文《ぶん》を振《ふ》り返《かえ》ります。

「テレビというのは、ラジオのように音声《おんせい》だけではなく、目《め》に見《み》える映像《えいぞう》がある分《ぶん》だけ、想像力《そうぞうりょく》が働《はたら》きにくい」

「主《しゅ》」
テレビというのは
「述《じゅつ》」に直結《ちょっけつ》する言葉《ことば》

「述《じゅつ》」に直結《ちょっけつ》する言葉《ことば》
映像《えいぞう》がある分《ぶん》だけ

「述《じゅつ》」
想像力《そうぞうりょく》が働《はたら》きにくい

「映像《えいぞう》があるからこそ想像力《そうぞうりょく》が働《はたら》きにくい」という意味合《いみあ》いになっており、「主《しゅ》」以外《いがい》では、ここが「「述《じゅつ》」に直結《ちょっけつ》する言葉《ことば》」であると言《い》えます。

「ラジオのように音声《おんせい》だけではなく」は「映像《えいぞう》がある」に結《むす》びついており、また、「目《め》に見《み》える」は「映像《えいぞう》」に結《むす》びついています。もしこれらを「述《じゅつ》」につなげて読《よ》んでみると、不自然《ふしぜん》になります。よって、これらは「述《じゅつ》」に直結《ちょっけつ》していません。

「述《じゅつ》」に直結《ちょっけつ》するかどうか考《かんが》える際《さい》は、つなげて読《よ》んでみるしかありません。それで意味《いみ》が通《つう》じるかどうかをチェックし、必要《ひつよう》な言葉《ことば》を引《ひ》き出《だ》します。

今回《こんかい》の要約文《ようやくぶん》は、こうなるでしょう。

「テレビは、映像《えいぞう》がある分《ぶん》だけ想像力《そうぞうりょく》が働《はたら》きにくい」

1 次《つぎ》の各文《かくぶん》を要約《ようやく》しなさい。（ ）に書《か》かれた文字《も》数《じすう》で書《か》くこと（句読点《くとうてん》も字数《じすう》に含《ふく》む）。

25点《てん》×4 ★★

① スキー場《じょう》のゆるい斜面《しゃめん》は、転《ころ》ばないだろうと安心《あんしん》するからこそ、危険《きけん》である。（35字《じ》→25字以内《じいない》）

② プールというのは、波《なみ》もなく、深《ふか》さ・広《ひろ》さに限《かぎ》りがあるために気《き》がゆるみやすい。だからこそ危険《きけん》である。（48字《じ》→20字以内《じいない》）

③ 複雑《ふくざつ》な計算《けいさん》を暗算《あんざん》で行《おこな》うと、紙《かみ》で計算《けいさん》したときのように計算《けいさん》の足《あし》あとを残《のこ》せない分《ぶん》、どこで間違《まちが》えたのか気《き》づきにくい。（54字《じ》→40字以内《じいない》）

④ 電子書籍《でんししょせき》は、「重《おも》い、かさばる、場所《ばしょ》をとる」といった、紙《かみ》の本《ほん》にみられるデメリットがないため、重宝《ちょうほう》されやすい。（53字《じ》→35字以内《じいない》）

ここがポイント！

1③「行《おこな》うと」は、「行《おこな》った場合《ばあい》」と同様《どうよう》の意味合《いみあ》いであり、主題《しゅだい》に似《に》た働《はたら》きをしています。

解説《かいせつ》・解答《かいとう》は112ページ

抽象化《ちゅうしょうか》――〈具体《ぐたい》〉をカットする

月　日

点《てん》

解説《かいせつ》 具体例《ぐたいれい》をカットする練習《れんしゅう》

冒頭解説《ぼうとうかいせつ》（６ページ）で述《の》べたように、要約《ようやく》とは抽象化《ちゅうしょうか》する作業《さぎょう》のことです。そこに記《しる》した二《ふた》つの方《ほう》法《ほう》のうち、ここでは「カットする」練習《れんしゅう》をします。

前《ぜん》ページで出《で》てきた次《つぎ》の文《ぶん》。

「電子書籍《でんししょせき》は、「重《おも》い、かさばる、場所《ばしょ》をとる」といった、紙《かみ》の本《ほん》にみられるデメリットがないため、重宝《ちょうほう》されやすい」

この中《なか》の、「重《おも》い、かさばる、場所《ばしょ》をとる」という具体例《ぐたいれい》は、その直後《ちょくご》で、「紙《かみ》の本《ほん》にみられるデメリット」という表現《ひょうげん》に抽象化《ちゅうしょうか》されています。**抽象化《ちゅうしょうか》された表現《ひょうげん》が既《すで》にあるならば、その具体例《ぐたいれい》はカットしてしまいましょう。**今回《こんかい》の要約文《ようやくぶん》はこうなります。

「電子書籍《でんししょせき》は、紙《かみ》の本《ほん》にみられるデメリットがないため、重宝《ちょうほう》されやすい」

1 次《つぎ》の各文《かくぶん》を要約《ようやく》しなさい。（　）に書《か》かれた文字数《もじすう》で書《か》くこと（句読点《くとうてん》も字数《じすう》に含《ふく》む）。

①〜④17点《てん》×4　⑤・⑥16点《てん》×2　★★

① 私《わたし》は、野球《やきゅう》、サッカー、バスケなどのようなチームプレイの競技《きょうぎ》は苦手《にがて》だ。（34字《じ》→20字《じ》以内《いない》）

② 漢字《かんじ》というのは、直接《ちょくせつ》・直《じか》に触《さわ》る・正直《しょうじき》・直《なお》す・直《ただ》ちに・直向《ひたむ》き・真《ま》っ直《す》ぐ、といった具合《ぐあい》に、同《おな》じ字《じ》でも複数《ふくすう》の読《よ》み方《かた》があることが多《おお》い。（63字《じ》→30字《じ》以内《いない》）

〈具体《ぐたい》〉という表記《ひょうき》は、「具体的《ぐたいてき》な表現《ひょうげん》」といった意味《いみ》です。

解説《かいせつ》・解答《かいとう》は113ページ〜

③ 外来語《がいらいご》を使《つか》えば、爪《つめ》はネイル、下着《したぎ》はアンダーウエア、飲《の》み物《もの》はドリンク、といったように、同《おな》じ意《い》味《み》でも印象《いんしょう》を変《か》えることができる。（61字《じ》→30字《じ》以内《いない》）

④ 昭和《しょうわ》・平成《へいせい》・令和《れいわ》といった元号《げんごう》は何《なん》のためにあるのかと疑問《ぎもん》に思《おも》い、図書館《としょかん》に行《い》ったりネット検《けん》索《さく》をしたりして、調《しら》べてみた。（57字《じ》→25字《じ》以内《いない》）

⑤ 人口《じんこう》の多《おお》い国《くに》、たとえばインド、中国《ちゅうごく》、アメリカなどの状況《じょうきょう》を調《しら》べれば、世界《せかい》のさまざまな動向《どうこう》が見《み》えてくると思《おも》う。（53字《じ》→35字《じ》以内《いない》）

⑥ ひとくちに本《ほん》と言《い》っても、サイズによって、文《ぶん》庫《こ》や新書《しんしょ》、単行本《たんこうぼん》、雑誌《ざっし》、あるいは写真集《しゃしんしゅう》など、さまざまな種類《しゅるい》がある。（54字《じ》→30字《じ》以内《いない》）

ここがポイント！

❶ ③の「外来語《がいらいご》を使《つか》えば」も、⑤の「調《しら》べれば」も、主《しゅ》題《だい》と似《に》た働《はたら》きをしています。

また、それぞれ次《つぎ》のような表現《ひょうげん》に注意《ちゅうい》すると、カットすべき具体例《ぐたいれい》の範囲《はんい》が分《わ》かるでしょう。

①「などのような」②「といった具合《ぐあい》に」③「といったように」④「といった」「～たり」⑤「たとえば」⑥「や」

7 抽象化《ちゅうしょうか》——〈具体《ぐたい》〉を言《い》いかえる①

月　日

点《てん》

解説《かいせつ》 具体例《ぐたいれい》やセリフ調《ちょう》の表現《ひょうげん》を抽象化《ちゅうしょうか》

要約《ようやく》における抽象化《ちゅうしょうか》の方法《ほうほう》は二《ふた》つ（6ページ）。そのうち、ここでは「言《い》いかえる」方法《ほうほう》を練習《れんしゅう》します。

元《もと》の文《ぶん》「暗《くら》い色《いろ》が好《す》きで普段《ふだん》は着《き》ない黄色《きいろ》とか水色《みずいろ》のシャツを「着《き》てみたらいいのに」と言《い》われ、試《ため》しに着《き》てみたら、元気《げんき》が出《で》てきた」

要約文《ようやくぶん》「暗《くら》い色《いろ》が好《す》きで普段《ふだん》は着《き》ない明《あか》るい色《いろ》のシャツをすすめられ、試《ため》しに着《き》てみたら、元気《げんき》が出《で》てきた」

まず、「黄色《きいろ》とか水色《みずいろ》」という具体的表現《ぐたいてきひょうげん》を、「明《あか》るい色《いろ》」という抽象的表現《ちゅうしょうてきひょうげん》に言《い》いかえています。また、「「着《き》てみたらいいのに」と言《い》われ」というセリフ調《ちょう》の具体的表現《ぐたいてきひょうげん》を、「すすめられ」という説明調《せつめいちょう》の抽象的表現《ちゅうしょうてきひょうげん》に言《い》いかえています。いずれも、元《もと》の文《ぶん》にない表現《ひょうげん》を、自分《じぶん》で考《かん》えて書《か》く必要《ひつよう》があります。

1 次《つぎ》の各文《かくぶん》を要約《ようやく》しなさい。（　）に書《か》かれた文《も》字《じ》数《すう》で書《か》くこと（句読点《くとうてん》も字数《じすう》に含《ふく》む）。

20点《てん》×5 ★★

① 同《おな》じニュース内容《ないよう》であっても、テレビで見《み》るか、新聞《しんぶん》で読《よ》むか、あるいはネットで見《み》るかによって、受《う》ける印象《いんしょう》は変《か》わってくる。（58字《じ》→35字《じ》以内《いない》）

② どうしてだろうと思《おも》ったことは、すぐに、検索《けんさく》したり、本《ほん》をひもといたり、資料《しりょう》を探《さぐ》ったりすることが、大切《たいせつ》だよ。（52字《じ》→20字《じ》以内《いない》）

③ 妹《いもうと》のサヤカは、早《はや》くしなさいと言《い》われるとあせってしまい、飲《の》み物《もの》をこぼしたり、計算《けいさん》を間違《まちが》えたり、忘《わす》れ物《もの》をして取《と》りに帰《かえ》ったりすることで、逆《ぎゃく》に時間《じかん》がかかってしまうことが多《おお》かった。

（85字《じ》→45字《じ》以内《いない》）

④ 体・仲・住・代・偽などの字《じ》は人間《にんげん》に関《かか》わる意《い》味《み》を持《も》ち、泳・池・沼・洗・汗などの字《じ》は水《みず》に関《かか》わる意味《いみ》を持《も》つ、というように、部首《ぶしゅ》が意味《いみ》を表《あらわ》す漢字《かんじ》は多《おお》い。（72字《じ》→35字《じ》以内《いない》）

⑤ 忘《わす》れた勉強道具《べんきょうどうぐ》を貸《か》してもらったり、重《おも》い荷物《にもつ》を持《も》ってもらったり、分《わ》からない問題《もんだい》を教《おし》えてもらったり。そんな友《とも》だちには、「ありがとう」という気持《きも》ちを、しっかり言葉《ことば》で伝《つた》えたいものだ。

（87字《じ》→35字《じ》以内《いない》）

ここがポイント！

❶言葉《ことば》が浮《う》かんでこないときは、次《つぎ》をヒントにしましょう。

助《たす》ける　疑問《ぎもん》　感謝《かんしゃ》　メディア　失敗《しっぱい》

8

抽象化《ちゅうしょうか》――〈具体《ぐたい》〉を言《い》いかえる②

月　日

点《てん》

解説《かいせつ》　比喩《ひゆ》的表現《てきひょうげん》を抽象化《ちゅうしょうか》

比喩《ひゆ》的表現《てきひょうげん》は多《おお》くの場合《ばあい》、具体的《ぐたいてき》でイメージしやすくなっています。それを抽象化《ちゅうしょうか》するのも、要約《ようやく》の作業《さぎょう》の一《ひと》つです。

①「日本《にほん》の夏《なつ》はサウナのように蒸《む》し暑《あつ》いね」
②「日本《にほん》の夏《なつ》はサウナのようだね」
③「日本《にほん》の夏《なつ》はサウナだね」

要約文《ようやくぶん》は、どれも「日本《にほん》の夏《なつ》は蒸《む》し暑《あつ》いね」となります。①は、「サウナのように」をカットすれば済《す》みます。②・③は、「サウナ」の意味《いみ》（蒸《む》し暑《あつ》い）を読《よ》み取《と》って抽象化《ちゅうしょうか》しなければなりません。

①・②は「ように」などを用《もち》いて比喩《ひゆ》であることを明示《めいじ》しており、「直喩《ちょくゆ》」と呼《よ》びます。それに対《たい》して、③は明示《めいじ》していないため、「隠喩《いんゆ》」と呼《よ》びます。①は、抽象化《ちゅうしょうか》した表現《ひょうげん》が最初《さいしょ》から書《か》いてある形《かたち》です。

1　次《つぎ》の各文《かくぶん》を要約《ようやく》しなさい。（　）に書《か》かれた文《も》字数《じすう》で書《か》くこと（句読点《くとうてん》も字数《じすう》に含《ふく》む）。

①～④17点《てん》×4　⑤・⑥16点《てん》×2　★★

①　あの子《こ》ってチーターみたいに足《あし》が速《はや》いから、リレーのアンカーが向《む》いてるよね。（36字《じ》→25字《じ》以内《いない》）

②　あの子《こ》って歌《うた》がプロだから、この前《まえ》カラオケに行《い》ったとき、みんなからほめられてたんだよ。（42字《じ》→30字《じ》以内《いない》）

③ 西向《にしむ》きの窓《まど》から見《み》た夕焼《ゆうや》けがまるで絵《え》の具《ぐ》で塗《ぬ》ったかのように赤《あか》く、会話《かいわ》も止《と》めて見入《みい》ってしまった。（46字《じ》↓25字《じ》以内《いない》）

④ 前回食《ぜんかいた》べたフランスパンが石《いし》みたいだったからといって、このフランスパンも同《おな》じとは限《かぎ》らないよ。（45字《じ》↓30字《じ》以内《いない》）

⑤ 久《ひさ》しぶりのお祭《まつ》りで、焼《や》きトウモロコシやら焼《や》きそばやらチョコバナナやら、あれこれとたくさん食《た》べすぎて、おなかが風船《ふうせん》みたいになってしまった。（68字《じ》↓35字《じ》以内《いない》）

⑥ 姉《あね》の描《か》く絵《え》は、絵《え》というより写真《しゃしん》のようで、そこに描《えが》かれた動物《どうぶつ》は今《いま》にも動《うご》き出《だ》しそうだし、人間《にんげん》は今《いま》にもしゃべり出《だ》しそうだった。（60字《じ》↓20字《じ》以内《いない》）

ここがポイント！

❶口語調《こうごちょう》（しゃべり言葉《ことば》）の部分《ぶぶん》は、文語調《ぶんごちょう》（書《か》き言葉《ことば》）に直《なお》してまとめます。④「フランスパン」と書くのは一度《いちど》だけにします。⑤前項《ぜんこう》で学《まな》んだように、具体例《ぐたいれい》はカットします。⑥文全体《ぶんぜんたい》を抽象化《ちゅうしょうか》するつもりで、「写真《しゃしん》のよう」を言《い》いかえます。

応用問題《おうようもんだい》①

月　日

点《てん》

解説《かいせつ》　文字数感覚《もじすうかんかく》をトレーニング

同《おな》じPart1でも、最初《さいしょ》のほうにくらべると、どうまとめてよいか迷《まよ》う部分《ぶぶん》が出《で》てきているかもしれません。

まず「述《じゅつ》」。次《つぎ》に「主《しゅ》」、そして「「述《じゅつ》」に直結《ちょっけつ》する言葉《ことば》」といった基準《きじゅん》はありますが、それはあくまでも基準《きじゅん》にすぎません。結局《けっきょく》は、文全体《ぶんぜんたい》の意味《いみ》を考《かんが》えながら、そのつど調整《ちょうせい》していくしかないのです。要約文《ようやくぶん》というのは、絶対《ぜったい》の答《こた》えが一《ひと》つある、というものではありません。

この応用問題《おうようもんだい》で学《まな》んでほしいことは、字数《じすう》に応《おう》じて、どのくらいの部分《ぶぶん》をカットし、どのくらいの部分《ぶぶん》を残《のこ》すのか、という「文字数感覚《もじすうかんかく》」です。文字数《もじすう》を一《いち》、二《に》、三《さん》、と数《かぞ》えすぎないように注意《ちゅうい》してください。ある程度《ていど》は「感覚《かんかく》で」とらえるのです。

1 次《つぎ》の各文《かくぶん》を要約《ようやく》しなさい。（　）に書《か》かれた文字数《もじすう》で書《か》くこと（句読点《くとうてん》も字数《じすう》に含《ふく》む）。

①～③20点《てん》×3　④20点《てん》×2　★★

① 公的《こうてき》な場面《ばめん》、たとえば学校《がっこう》の授業中《じゅぎょうちゅう》に先生《せんせい》が子《こ》どもをあだ名《な》で呼《よ》ぶのは、親《した》しみをこめる意味《いみ》があるにしても、やめたほうがよい。（59字《じ》→25字《じ》以内《いない》）

② 小学校《しょうがっこう》において子《こ》どもたちは、給食《きゅうしょく》の準備《じゅんび》に片《かた》づけ、自分《じぶん》の教室《きょうしつ》だけでなく理科室《りかしつ》や体育館《たいいくかん》などの掃除《そうじ》、あるいはさまざまな委員会活動《いいんかいかつどう》など、いくら主体性《しゅたいせい》を高《たか》めるためとはいっても、やるべき仕事《しごと》が多《おお》すぎると思《おも》う。（98字《じ》→30字《じ》以内《いない》）

解説《かいせつ》・解答《かいとう》は117ページ～

③ 時刻《じこく》を守《まも》らないふまじめな子《こ》が教室《きょうしつ》にそろうまで待《ま》ち、時刻《じこく》どおりに座《すわ》っているまじめな子《こ》は待《ま》たされるような授業《じゅぎょう》というものが、よく見《み》られる。

(66字《じ》→35字《じ》以内《いない》)

④ 勉強《べんきょう》というのは、宿題《しゅくだい》のように「いついつまでに何《なん》ページ」と目標《もくひょう》を誰《だれ》か他人《たにん》に決《き》められてしまうとやる気《き》が起《お》きないものだから、自分《じぶん》で目標《もくひょう》を立《た》ててのぞむべきものである。

(1) (79字《じ》→30字《じ》以内《いない》)

(2) (79字《じ》→60字《じ》以内《いない》)

ここがポイント!

❶④のように、長《なが》さに応《おう》じて二《に》種類《しゅるい》作《つく》る、といったことは、文章《ぶんしょう》が長《なが》いほど必要《ひつよう》になってきます。大切《たいせつ》なのは、「長《なが》く書《か》いてから削《けず》っていく」というより「短《みじか》く書《か》いてから肉《にく》づけしていく」という意識《いしき》です。まず短《みじか》く、徐々《じょじょ》に長《なが》く。これは、要約《ようやく》のみでなく、文《ぶん》を組《く》み立《た》てる際《さい》の基本《きほん》です。

応用問題《おうようもんだい》②

月　日

点《てん》

解説《かいせつ》　文中接続語《ぶんちゅうせつぞくご》に注意《ちゅうい》

文章《ぶんしょう》が長《なが》くなればなるほど、要約《ようやく》には「言《い》いかえ」が必要《ひつよう》になります。先《さき》に練習《れんしゅう》したように、〈具体《ぐたい》〉を抽象化《ちゅうしょうか》していくわけです。

具体例《ぐたいれい》に気《き》づくヒントは、「文中接続語《ぶんちゅうせつぞくご》」にあります。たとえば、次《つぎ》の——部《ぶ》のような言葉《ことば》です。

・みかん、りんご、バナナなどの果物《くだもの》
・みかん、りんご、バナナのような果物《くだもの》
・みかん、りんご、バナナなどのような果物《くだもの》
・みかん、りんご、バナナという果物《くだもの》
・みかん、りんご、バナナといった果物《くだもの》
・みかん、りんご、バナナなどという果物《くだもの》
・みかん、りんご、バナナというような果物《くだもの》
・みかん、りんご、バナナなどというような果物《くだもの》

こういった言葉《ことば》に気《き》をつけて、要約《ようやく》しましょう。

1 次《つぎ》の各文《かくぶん》を要約《ようやく》しなさい。（　）に書《か》かれた文字数《もじすう》で書《か》くこと（句読点《くとうてん》も字数《じすう》に含《ふく》む）。

①20点《てん》×2　②〜④20点《てん》×3　★★

① 料理《りょうり》には、和風《わふう》、洋風《ようふう》、中華風《ちゅうかふう》などのさまざまなジャンルがあるが、そのどれにも当《あ》てはまらないような料理《りょうり》も増《ふ》えている。

（1）（56字《じ》→45字《じ》以内《いない》）

（2）（56字《じ》→20字《じ》以内《いない》）

② 日本人《にほんじん》はセミの声《こえ》を「ジージー」「ミンミン」「カナカナ」などというように聞《き》き分《わ》けるが、一《いち》部《ぶ》の外国人《がいこくじん》にとっては、セミの声《こえ》はただの雑音《ざつおん》にしか聞《き》こえないらしい。（76字《じ》→40字《じ》以内《いない》）

③ あの子《こ》はまるで詩《し》を読《よ》むようにしゃべるから、言《い》いたいことがはっきり伝《つた》わってこないことがあるんだよね、少《すく》ない言葉《ことば》で独自《どくじ》の表現《ひょうげん》したりしてて。（67字《じ》→45字《じ》以内《いない》）

④ なわとびが上手《じょうず》だからといって、なわとびが苦《にが》手《て》な人《ひと》になわとびを上手《じょうず》に教《おし》えられるとは限《かぎ》らない。料理《りょうり》が上手《じょうず》だからといって、料理《りょうり》が苦手《にがて》な人《ひと》に料理《りょうり》を上手《じょうず》に教《おし》えられるとは限《かぎ》らない。絵《え》を描《か》くのが上手《じょうず》だからといって、絵《え》が苦手《にがて》な人《ひと》に絵《え》の描《か》き方《かた》を上手《じょうず》に教《おし》えられるとは限《かぎ》らない。（128字《じ》→40字《じ》以内《いない》）

ここがポイント！

1 ①(2)「とらわれない」という言葉《ことば》を使《つか》ってみましょう。

11 名詞化力《めいしかりょく》を高《たか》める① 心情語《しんじょうご》

月　日

点《てん》

解説《かいせつ》 ひとことで言《い》いかえるために

要約《ようやく》において長《なが》い表現《ひょうげん》を短《みじか》くまとめるためには、22ページでも述《の》べたように、「文中《ぶんちゅう》にない表現《ひょうげん》」を用《もち》いてまとめる必要《ひつよう》が出《で》てきます。

Part2以降《いこう》は、そういった「言《い》いかえ」が求《もと》められることも増《ふ》えます。そのための基礎的《きそてき》な練《れん》習《しゅう》を、ここで行《おこな》っておきましょう。

ポイントは、「名詞化《めいしか》」です。短《みじか》く、ひとことでまとめるための語彙《ごい》を、少《すこ》しでも増《ふ》やしましょう。

名詞化力《めいしかりょく》を高《たか》める
① 心情語《しんじょうご》
② 四字熟語《よじじゅくご》
③ 外来語《がいらいご》

---

1 次《つぎ》のそれぞれの文《ぶん》の内容《ないよう》に合《あ》う言葉《ことば》を、あとの□から選《えら》び、書《か》き入《い》れなさい。同《おな》じ言葉《ことば》を二《に》度《ど》使《つか》うことはできません。

8点《てん》×5 ★★

① 自信《じしん》を持《も》つ（　　）

② こわがっている（　　）

③ ああすればよかった、あれは失敗《しっぱい》だった、などと、終《お》わったことを振《ふ》り返《かえ》っている（　　）

④ うまくいくだろうか、失敗《しっぱい》するのではないか、成功《せいこう》させなければ、などと心《こころ》がしめつけられる（　　）

⑤ 自分《じぶん》の失敗《しっぱい》や弱《よわ》みを他人《たにん》に見《み》られたくない（　　）

恥《は》ずかしい　臆病《おくびょう》　後悔《こうかい》　プレッシャー　自負《じふ》

2

次《つぎ》のそれぞれのセリフの内容《ないよう》に合《あ》う言葉《ことば》を、あとの□から選《えら》び、書《か》き入《い》れなさい。同《おな》じ言葉《ことば》を二度使《にどつか》うことはできません。

6点《てん》×6 ★★

① 「いいなあ、いつもテストが満点《まんてん》で」（　　　）

② 「え?! そんなに低《ひく》い点数《てんすう》だったの?!」（　　　）

③ 「自分《じぶん》のほうが、あいつより点数《てんすう》が上《うえ》だったぞ」（　　　）

④ 「あなたの気持《きも》ちは、よくわかります」（　　　）

⑤ 「そんなひどいことされたの？　かわいそうに」（　　　）

⑥ 「迷惑《めいわく》をかけてしまったなあ」（　　　）

同情《どうじょう》　罪悪感《ざいあくかん》　優越感《ゆうえつかん》　共感《きょうかん》 うらやましい　あきれる

3

次《つぎ》のそれぞれのセリフに合《あ》う言葉《ことば》を、あとの□から二《ふた》つずつ選《えら》び、書《か》き入《い》れなさい。同《おな》じ言葉《ことば》を二度使《にどつか》うことはできません。

（3点《てん》×2）×4 ★★

① 「ひとりぼっちで寂《さび》しいなあ」（　　・　　）

② 「自分《じぶん》の仕事《しごと》だから必《かなら》ず成《な》し遂《と》げるぞ」（　　・　　）

③ 「あの子《こ》、いい子《こ》だよね、声《こえ》かけてみたいな」（　　・　　）

④ 「なんにもやる気《き》がおきないなあ」（　　・　　）

無気力《むきりょく》　孤独感《こどくかん》　脱力感《だつりょくかん》　親近感《しんきんかん》 疎外感《そがいかん》　責任感《せきにんかん》　使命感《しめいかん》　好感《こうかん》

名詞化力《めいしかりょく》を高《たか》める②
四字熟語《よじじゅくご》

月　日

点《てん》

1 次《つぎ》のそれぞれの文《ぶん》の内容《ないよう》に合《あ》う言葉《ことば》を、あとの□から選《えら》び、書《か》き入《い》れなさい。同《おな》じ言葉《ことば》を二《に》度使《どつか》うことはできません。

8点《てん》×6（全部《ぜんぶ》できて＋2点《てん》）★★

① リョウタ君《くん》は親友《しんゆう》だから、言葉《ことば》で伝《つた》えなくても、すぐ僕《ぼく》の気持《きも》ちを分《わ》かってくれる。

（　　　　）

② 写真《しゃしん》に撮《と》るのもいいけどさ、目《め》の前《まえ》のこの景色《けしき》は、一生《いっしょう》に一度《いちど》のものなんだから、あとに残《のこ》すことばかり考《かんが》えないで、その目《め》でよく見《み》たほうがいいよ。

（　　　　）

③ 部屋《へや》の掃除《そうじ》をしたら、きれいになっただけでなく、なくした指輪《ゆびわ》も見《み》つかった。

（　　　　）

④ 笑顔《えがお》は人《ひと》をなごませてくれる共通語《きょうつうご》だというのは、今《いま》も昔《むかし》も、どこであっても、同《おな》じだね。

（　　　　）

⑤ けん玉《だま》で同《おな》じ技《わざ》を失敗《しっぱい》せずに千回続《せんかいつづ》けただなんて、これまでに聞《き》いたことないよ。

（　　　　）

⑥ 電車《でんしゃ》の中《なか》で、まるで周《まわ》りに誰《だれ》もいないかのように大声《おおごえ》を出《だ》し、ふざけている若者《わかもの》らがいた。

（　　　　）

傍若無人《ぼうじゃくぶじん》　一期一会《いちごいちえ》　以心伝心《いしんでんしん》
前代未聞《ぜんだいみもん》　古今東西《ここんとうざい》　一石二鳥《いっせきにちょう》

解説《かいせつ》・解答《かいとう》は121ページ～

2

次《つぎ》のそれぞれの文《ぶん》の内容《ないよう》に合《あ》う言葉《ことば》を、あとの□から選《えら》び、書《か》き入《い》れなさい。同《おな》じ言葉《ことば》を二《に》度使《どつか》うことはできません。

8点《てん》×6（全部《ぜんぶ》できて＋2点《てん》）★★

① どんな本《ほん》で感動《かんどう》するかなんて、全《まった》く人《ひと》それぞれだからね。図鑑《ずかん》に感動《かんどう》する人《ひと》もいれば、辞書《じしょ》に感《かん》動《どう》する人《ひと》もいるんだよ。

（　　　　　）

② 子《こ》どものころは目立《めだ》った能力《のうりょく》もないように思《おも》えた子《こ》が、大人《おとな》になってから頭角《とうかく》を現《あらわ》すということは、けっこうあるものだ。

（　　　　　）

③ あの子《こ》、自分《じぶん》で書《か》いた文章《ぶんしょう》について、「読《よ》み直《なお》したら感動《かんどう》した」なんて言《い》ってたよ。面白《おもしろ》いね。

（　　　　　）

④ 当事者《とうじしゃ》じゃない人《ひと》は、状況《じょうきょう》がよく見《み》えるから、あれこれ言《い》いたくなるもんなんだよね。

（　　　　　）

⑤ 決《き》まり切《き》ったやり方《かた》ではなく、その場《ば》その場《ば》で、最《もっと》もよい方法《ほうほう》を選《えら》んでいくほうが、いいと思《おも》うよ。

（　　　　　）

⑥ わが子《こ》のテストの点数《てんすう》の上《あ》がり下《さ》がりでいちいち気分《きぶん》が変化《へんか》しているようではいけないですよ、お母《かあ》さん。もうちょっと、どっしりとかまえてくださいね。

（　　　　　）

岡目八目《おかめはちもく》	自画自賛《じがじさん》	一喜一憂《いっきいちゆう》
十人十色《じゅうにんといろ》	臨機応変《りんきおうへん》	大器晩成《たいきばんせい》

名詞化力《めいしかりょく》を高《たか》める③ 外来語《がいらいご》

月　日

点《てん》

1 次《つぎ》のそれぞれの文《ぶん》の——部《ぶ》と同様《どうよう》の意味《いみ》を持《も》つ言葉《ことば》を、あとの□から選《えら》び、書《か》き入《い》れなさい。同《おな》じ言葉《ことば》を二度使《にどつか》うことはできません。

6点《てん》×5 ★★★

① SNSというのは、発信《はっしん》すればすぐに反応《はんのう》がくるという即時性《そくじせい》があるからこそ楽《たの》しいのだが、そのせいで、あまり深《ふか》く考《かんが》えずに発信《はっしん》し、誰《だれ》かを傷《きず》つけてしまうということもある。

（　　　　）

② このファッションショーの基本的《きほんてき》な考《かんが》え方《かた》は、「80年代《ねんだい》の最新《さいしん》ファッション」です。

（　　　　）

③ 制服《せいふく》は嫌《きら》いだという人《ひと》もいるが、制服《せいふく》を着《き》ている間《あいだ》は、自分《じぶん》が何者《なにもの》であるかという点《てん》で自分《じぶん》の存在《そんざい》に疑問《ぎもん》を抱《いだ》くこともなく、安定《あんてい》した気持《きも》ちでいられる。

（　　　　）

④ 最近《さいきん》では、文房具《ぶんぼうぐ》から車《くるま》まで、あらゆるものについて、あとから外形的《がいけいてき》に手《て》を加《くわ》えて好《す》きなように作《つく》り変《か》えることが増《ふ》えている。

（　　　　）

⑤ 誕生日《たんじょうび》というのは、やっぱり、本人《ほんにん》に知《し》らせずに本人《ほんにん》を驚《おどろ》かせるような演出《えんしゅつ》をしたいよね。

（　　　　）

サプライズ　アイデンティティ　コンセプト　リアルタイム　カスタマイズ

2

次《つぎ》のそれぞれの文《ぶん》の——部《ぶ》と同様《どうよう》の意味《いみ》を持《も》つ言葉《ことば》を、あとの□から選《えら》び、書《か》き入《い》れなさい。同《おな》じ言葉《ことば》を二度《にど》使《つか》うことはできません。

10点《てん》×7 ★★★

① ニュース記事《きじ》を自分《じぶん》のSNSで引用《いんよう》し、フォロワーに共有《きょうゆう》することはよくある。　（　　　）

② このマンションの管理《かんり》をしているのはA社《しゃ》だが、このマンションを所有《しょゆう》しているのはB社《しゃ》だ。　（　　　）

③ 地球規模《ちきゅうきぼ》の視点《してん》から見《み》れば、日本語《にほんご》というのはなかなか難解《なんかい》な言語《げんご》である。　（　　　）

④ 演歌《えんか》とポップスをかけあわせて制作《せいさく》するなんて、なかなか面白《おもしろ》いね。　（　　　）

⑤ 時代《じだい》に合《あ》わせて価値観《かちかん》を切《き》り替《か》えていかないと、時代遅《じだいおく》れになるよ。　（　　　）

⑥ あの子《こ》は、今《いま》はまだ技《わざ》が粗削《あらけず》りだけど、潜在的《せんざいてき》な能力《のうりょく》は高《たか》いから、今後《こんご》が楽《たの》しみだね。　（　　　）

⑦ 流行《りゅうこう》を追《お》いかけていても、すぐにまた次《つぎ》の流行《りゅうこう》がくるから、きりがないでしょ。　（　　　）

グローバル	トレンド	シフト
ポテンシャル	シェア	オーナー
コラボレーション		

ここがポイント！

❶ 各選択肢《かくせんたくし》を辞書《じしょ》で調《しら》べ、確認《かくにん》しておきましょう。

既刊紹介① （すべて福嶋隆史著・大和出版）

『ふくしま式200字メソッド「書く力」が身につく問題集［小学生版］』

「ふくしま式200字メソッド」の実践問題集。「書き写す」から始めて、「一部を埋める」、「一部を修正する」、そして「全体を自作する」へ。

『"ふくしま式200字メソッド"で「書く力」は驚くほど伸びる！』

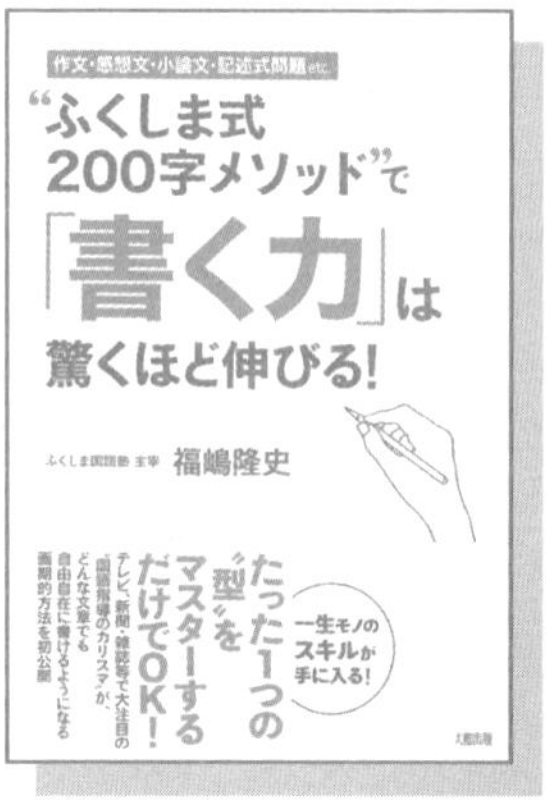

46ページで紹介している「ふくしま式200字メソッド」の指南書。正確に読み、伝わるように書く。そのための方法論。

『「読解力」がほしい大人が小学1～6年の国語教科書でやり直す本』

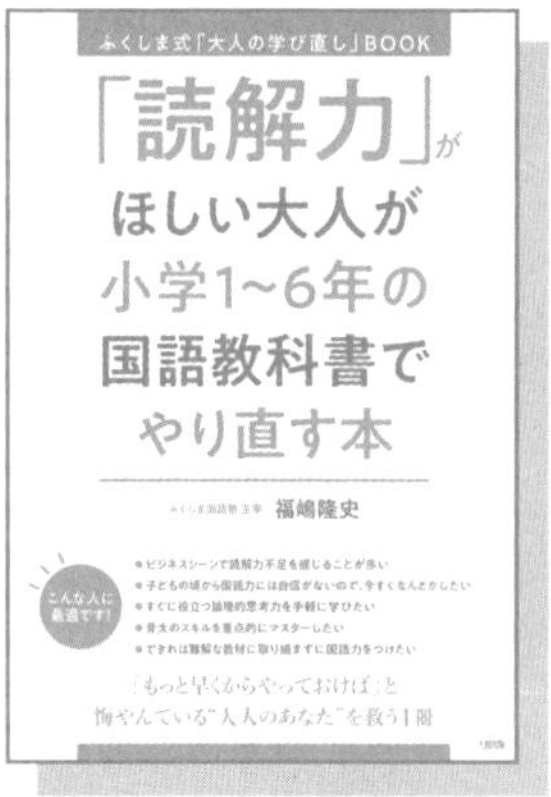

子どもの頃は全く意識しなかった「読みの技術」によって、教科書を読み直してみましょう。

『ふくしま式「本当の国語力」が身につく問題集［一文力編］』

要約文を書くためには、まず、一文を正確に書く力が必要です。言葉と言葉のつながり、すなわち言葉の「係り受け」に特化した問題集。

Part 2

短《みじか》い文章《ぶんしょう》を要約《ようやく》する

2文《ぶん》が、「文章《ぶんしょう》」の最小単位《さいしょうたんい》。
文《ぶん》と文《ぶん》の関係《かんけい》に意識《いしき》を向《む》けるには、
ここから始《はじ》めるのがベストです。

1

●(2文《ぶん》)対比関係《たいひかんけい》

文《ぶん》と文《ぶん》の関係《かんけい》を維持《いじ》して要約《ようやく》する①

月　日

点《てん》

解説《かいせつ》 関係《かんけい》を崩《くず》さずに短《みじか》くする

ここからは、だんだんと文章《ぶんしょう》が長《なが》くなっていきます。長《なが》めの文章《ぶんしょう》を要約《ようやく》する際《さい》に大切《たいせつ》なのは、**文《ぶん》と文《ぶん》の関係《かんけい》を維持《いじ》する**ということです。

①「昨日《きのう》は寒々《さむざむ》とした雨《あめ》の一日《いちにち》だった。でも、今日《きょう》はさわやかに晴《は》れている」

②「昨日《きのう》は雨《あめ》だった。でも、今日《きょう》は晴《は》れている」

③「昨日《きのう》は雨《あめ》だったが、今日《きょう》は晴《は》れている」

①の「寒々《さむざむ》とした」「一日《いちにち》」「さわやかに」などをカットしたのが②です。②の「でも」を「が」に置《お》きかえて一文《いちぶん》につなげたのが③です。いずれも、**対《たい》比関係《ひかんけい》**が維持《いじ》されていますね。型《かた》にすると次《つぎ》のようになります。この型《かた》を意識《いしき》して取《と》り組《く》みましょう。

対比関係《たいひかんけい》の型《かた》(その1)

[ア]は[A]だが、[イ]は[B]。

---

1 次《つぎ》の各文《かくぶん》を要約《ようやく》しなさい。( )に書《か》かれた文字数《もじすう》で書《か》くこと(句読点《くとうてん》も字数《じすう》に含《ふく》む)。

20点《てん》×5 ★★

① ジャングルジムやのぼり棒《ぼう》など校庭《こうてい》にある大《おお》きなものは、ふだん校庭《こうてい》で見《み》ていると大《おお》きく見《み》える。でも、屋上《おくじょう》から見下《みお》ろすと、小《ちい》さく見《み》える。(64字《じ》→40字《じ》以内《いない》)

② 台風《たいふう》や大雪《おおゆき》は、いつどこで被害《ひがい》が大《おお》きくなるかについて、事前《じぜん》におおむね予測《よそく》できるようになっている。それに対《たい》して、地震《じしん》は、まだまだそれが難《むずか》しいのが現状《げんじょう》だ。(74字《じ》→30字《じ》以内《いない》)

③「今日《きょう》は気温《きおん》が三十度《さんじゅうど》で暑《あつ》い」「金額《きんがく》は五万円《ごまんえん》で高《たか》い」などと数値《すうち》で表《あらわ》すと説得力《せっとくりょく》がある。しかし、「今日《きょう》はすごく暑《あつ》い」「金額《きんがく》がすごく高《たか》い」などというように数値《すうち》を使《つか》わないで表現《ひょうげん》すると、あまり説得力《せっとくりょく》がない。（97字《じ》→40字《じ》以内《いない》）

④　たとえば、頭《あたま》が痛《いた》いときに、「どのくらい痛《いた》いの？　十段階《じゅうだんかい》でどのくらい？」「うーん、八《はち》くらい」などといったやりとりをして、それが実際《じっさい》に症状《しょうじょう》を理解《りかい》する上《うえ》で有益《ゆうえき》になることもある。しかし、本人《ほんにん》が八《はち》と言《い》ったからといって実《じつ》はたいしたことがないとか、逆《ぎゃく》に二《に》と言《い》っていたけれど危《あぶ》ない病気《びょうき》の前触《まえぶ》れだったとか、そういうことは十分《じゅうぶん》あり、有益《ゆうえき》どころかむしろ有害《ゆうがい》な場合《ばあい》もある。

(1)（173字《じ》→25字《じ》以内《いない》）

(2)（173字《じ》→35字《じ》以内《いない》）

ここがポイント！

❶ ③をヒントに、④を考《かんが》えてみましょう。

2

●（2文《ぶん》）対比関係《たいひかんけい》

文《ぶん》と文《ぶん》の関係《かんけい》を維持《いじ》して要約《ようやく》する②

月　日

点《てん》

解説《かいせつ》 **型《かた》をイメージすることが重要《じゅうよう》**

前《ぜん》ページの④は、「十段階《じゅうだんかい》で八《はち》」などといった表現《ひょうげん》を抽象化《ちゅうしょうか》し、「数値化《すうちか》」という言葉《ことば》に言《い》いかえることができるかどうかがポイントでした。④では、③をヒントにすれば抽象化《ちゅうしょうか》できましたが、いつもそのように近《ちか》くにヒントがあるわけではありません。

①「スポーツというのは、運動能力《うんどうのうりょく》で勝負《しょうぶ》が決《き》まると思《おも》われがちだ。しかし実際《じっさい》には、その運動能力《うんどうのうりょく》を最大限《さいだいげん》に引《ひ》き出《だ》すためのメンタルのほうが大切《たいせつ》だ」

②「スポーツは身体《しんたい》より精神《せいしん》だ」

③「スポーツはフィジカルよりメンタルだ」

①を読《よ》み、「しかし」の前後《ぜんご》に対比関係《たいひかんけい》があることを、まずは読《よ》み取《と》る必要《ひつよう》があります。ただ、「運《うん》動能力《どうのうりょく》」と「メンタル」は反対語《はんたいご》ではないため、要約《ようやく》の際《さい》は、少《すこ》し手《て》を加《くわ》えて言《い》いかえる必要《ひつよう》があります。

②では、身体《しんたい》・精神《せいしん》という漢語《かんご》によって反対語《はんたいご》に整《ととの》えました。③では、フィジカル・メンタルという外来語《がいらいご》によって反対語《はんたいご》に整《ととの》えました。

そして、②も③も、次《つぎ》のような型《かた》になっていることに注目《ちゅうもく》してください。

対比関係《たいひかんけい》の型《かた》（その２）

［ア］は［A］ではなく、むしろ［B］。

［ア］は［A］よりも、むしろ［B］。

「ではなく」「よりも」は対比関係《たいひかんけい》を表《あらわ》します。38ページの「その１」とあわせて、この型《かた》を覚《おぼ》えてしまいましょう。「その１」も「その２」も、「AとBには、反対語《はんたいご》か否定表現《ひていひょうげん》が入《はい》る」というのが最重要《さいじゅうよう》ポイントとなります（6ページ参照《さんしょう》）。反対語《はんたいご》とは言《い》えなくとも、反対語《はんたいご》に近《ちか》く観点《かんてん》が統一《とういつ》されている表現《ひょうげん》であれば、問題《もんだい》なく通《つう》じることもあります。たとえば「早《はや》い」の反対《はんたい》は「遅《おそ》い」ですが、「時間《じかん》がかかる」でもよいでしょう（時間《じかん》の観点《かんてん》で統一《とういつ》）。

ともあれ、文章《ぶんしょう》の中《なか》に型《かた》を見出《みいだ》し、その型《かた》によって関係《かんけい》を維持《いじ》することが、要約《ようやく》のカギとなります。

1 次《つぎ》の各文《かくぶん》を要約《ようやく》しなさい。（　）に書《か》かれた文《も》字数《じすう》で書《か》くこと（句読点《くとうてん》も字数《じすう》に含《ふく》む）。

50点《てん》×2 ★★

① テストというのは、一般《いっぱん》には、教師《きょうし》が子《こ》どもの学力《がくりょく》を測《はか》るものだと思《おも》われている。しかし実際《じっさい》には、どの子《こ》がどの程度《ていど》できたかとか、クラス全体《ぜんたい》の点数《てんすう》がどの程度《ていど》取《と》れているかとか、そういった結果《けっか》を見《み》ることによって、むしろ教師《きょうし》自身《じしん》がその指導力《しどうりょく》をチェックし反省材料《はんせいざいりょう》にする、そのために行《おこな》うのである。（138字《じ》→40字以内《じいない》）

② においは目《め》に見《み》えないものであり、いいにおいでもくさいにおいでも、そのにおいの記憶《きおく》というのは一過性《いっかせい》のものだと思《おも》われがちだ。しかし実際《じっさい》には、しばらくあとで同《おな》じにおいをかぐと、そのときの記憶《きおく》がはっきり呼《よ》び起《お》こされることも多《おお》く、むしろ長《なが》く続《つづ》き、記憶《きおく》に刻《きざ》まれるものだと言《い》えるだろう。（136字《じ》→35字以内《じいない》）

ここがポイント！

1 ①どの言葉《ことば》を残《のこ》し、どの言葉《ことば》を言《い》いかえるか。どのように書《か》けば反対語《はんたいご》に近《ちか》い表現《ひょうげん》、観点《かんてん》が統一《とういつ》された表現《ひょうげん》になるか。よく考《かんが》えましょう。

②主題《しゅだい》となるのは「におい」か、「においの記憶《きおく》」か、考《かんが》えてみましょう。

解説《かいせつ》・解答《かいとう》は125ページ〜

●（2文《ぶん》）因果関係《いんがかんけい》

文《ぶん》と文《ぶん》の関係《かんけい》を維持《いじ》して要約《ようやく》する③

月　日

点《てん》

解説《かいせつ》 結論重視《けつろんじゅうし》でまとめていく

原因《げんいん》と結果《けっか》の関係《かんけい》を、因果関係《いんがかんけい》と言《い》います。

①「風《かぜ》が強《つよ》かった。だから、髪《かみ》が乱《みだ》れた」

②「風《かぜ》が強《つよ》かったため、髪《かみ》が乱《みだ》れた」

③「髪《かみ》が乱《みだ》れた。なぜなら、風《かぜ》が強《つよ》かったからだ」

④「髪《かみ》が乱《みだ》れたのは、風《かぜ》が強《つよ》かったからだ」

①を一文《いちぶん》にまとめると②のようになり、③を一文《いちぶん》にまとめると④のようになります。ただ、要約《ようやく》においては結論《けつろん》（ここでは「髪《かみ》が乱《みだ》れた」）が重視《じゅうし》されるため、「③はどんな話《はなし》？」と問《と》われれば、結局《けっきょく》は、④というよりも②の順序《じゅんじょ》で、「風《かぜ》が強《つよ》かったため髪《かみ》が乱《みだ》れた話《はなし》」とまとめることになるでしょう。なお、②は、「風《かぜ》が強《つよ》く髪《かみ》が乱《みだ》れた」のように、「ため」などを入《い》れなくても通《つう》じる場合《ばあい》、それを省略《しょうりゃく》できます。

1 次《つぎ》の各文《かくぶん》を要約《ようやく》しなさい。（　）に書《か》かれた文《も》字数《じすう》で書《か》くこと（句読点《くとうてん》も字数《じすう》に含《ふく》む）。

①～⑤15点《てん》×5　⑥25点《てん》　★★

① 洗面所《せんめんじょ》の鏡《かがみ》が、指紋《しもん》や水滴《すいてき》でだいぶ汚《よご》れていた。そのせいで、そこに映《うつ》した顔《かお》も、汚《よご》れて見《み》えてしまった。（48字《じ》→20字《じ》以内《いない》）

② 体育《たいいく》のあとの授業中《じゅぎょうちゅう》、眠《ねむ》くて眠《ねむ》くてどうしようもなかった。それで、鉛筆《えんぴつ》の文字《もじ》が、ミミズの足《あし》跡《あと》みたいになってしまった。（56字《じ》→20字《じ》以内《いない》）

③ 今日《きょう》は、母《はは》に言《い》われる前《まえ》に部屋《へや》のかたづけをして、勉強《べんきょう》に取《と》りかかった。そのおかげで、母《はは》にとてもほめられた。（51字《じ》→25字《じ》以内《いない》）

解説《かいせつ》・解答《かいとう》は126ページ～

④ 図書室《としょしつ》で騒《さわ》いでいる子《こ》たちがいたため、図書室《としょしつ》では静《しず》かにして、と大《おお》きな声《こえ》で注意《ちゅうい》した。すると、その私《わたし》の声《こえ》を聞《き》いた先生《せんせい》から、「静《しず》かにして」と言《い》われてしまった。

（75字《じ》→45字《じ》以内《いない》）

⑤ 兄弟《きょうだい》げんかをしてしまったが、母《はは》に叱《しか》られなかった。母《はは》は、明日《あす》の仕事《しごと》で会議《かいぎ》の司会《しかい》をするらしく、そのことで頭《あたま》がいっぱいだったようだ。

（63字《じ》→35字《じ》以内《いない》）

⑥ いつもは楽《たの》しいはずの水泳《すいえい》の授業《じゅぎょう》が、今日《きょう》はとてもつまらなくなってしまった。というのも、水《すい》泳帽《えいぼう》を忘《わす》れてしまったため、ほとんどプールサイドで見学《けんがく》することしかできなかったからだ。

（85字《じ》→50字《じ》以内《いない》）

●(2文《ぶん》)因果関係《いんがかんけい》

文《ぶん》と文《ぶん》の関係《かんけい》を維持《いじ》して要約《ようやく》する④

月　日

点《てん》

解説《かいせつ》 結論《けつろん》と理由《りゆう》をうまく組《く》み合《あ》わせる

因果関係《いんがかんけい》の型《かた》

本文《ほんぶん》 ア は A 。なぜなら 1 からだ。

要約文《ようやくぶん》 ア は 1 (な) ため A 。

結論《けつろん》と理由《りゆう》からなる長《なが》い二文《にぶん》を一文《いちぶん》にまとめてしまうためには、それらをうまく組《く》み合《あ》わせる必要《ひつよう》があります。まず、主題《しゅだい》となる「ア」を、正《ただ》しくつかむこと。あとは、「1」「A」を、これまで練習《れんしゅう》してきた要領《ようりょう》で、言葉《ことば》をカットしたり言《い》いかえたりしながら、短《みじか》くしていくことです。

42ページの解説《かいせつ》で「なぜなら」と書《か》いたわりに使《つか》われていないではないか、と思《おも》うかもしれません。実《じつ》は「なぜなら」という表現《ひょうげん》は堅苦《かたくる》しいため、日常《にちじょう》ではあまり用《もち》いないのです。「というのも」などの表現《ひょうげん》が代《か》わりによく使《つか》われます。ただ、今回《こんかい》の問題文《もんだいぶん》はあえて堅苦《かたくる》しい内容《ないよう》にしているため、登場《とうじょう》しています。

1 次《つぎ》の各文《かくぶん》を要約《ようやく》しなさい。( )に書《か》かれた文《も》字数《じすう》で書《か》くこと(句読点《くとうてん》も字数《じすう》に含《ふく》む)。

①・②30点《てん》×2　③40点《てん》　★★★

① 新聞《しんぶん》は、今《いま》やインターネットを介《かい》してスマホでも読《よ》める時代《じだい》だが、やはり、大《おお》きな新聞紙《しんぶんし》の状態《じょうたい》で読《よ》むことをおすすめする。なぜなら、文字《もじ》のサイズや記事《きじ》の面積《めんせき》の大小《だいしょう》で記事《きじ》の重要度《じゅうようど》を一目《ひとめ》でつかむことができるし、ふだんはあまり読《よ》もうと思《おも》わないような記事《きじ》にも目《め》を向《む》けやすくなるからだ。(133字《じ》↓60字以内《じいない》)

②　コロナ禍《か》を経《へ》て、オンラインでコミュニケーションをとることが当《あ》たり前《まえ》になってしまったが、やはり、直接人《ちょくせつひと》と人《ひと》とが向《む》き合《あ》ってコミュニケーションをとるのが、人間関係《にんげんかんけい》の基本《きほん》である。というのも、人間《にんげん》は、身体《しんたい》の距離《きょり》がそのまま心《こころ》の距離《きょり》につながるからである。（120字《じ》↓50字《じ》以内《いない》）

③　オリンピックはもちろん、サッカーのワールドカップ、野球《やきゅう》のWBCなど、スポーツの世界大会《せかいたいかい》について、「興味《きょうみ》がないんだから、見《み》なくていいでしょ」などと言《い》う人《ひと》がいるが、やはり積極的《せっきょくてき》に興味《きょうみ》・関心《かんしん》を持《も》って見《み》るべきだろう。世界大会《せかいたいかい》には多《おお》くの国民《こくみん》が注目《ちゅうもく》しているため、そこに「常識《じょうしき》」が生《う》まれ、その常識《じょうしき》をもとに、世間《せけん》でさまざまな価値判断《かちはんだん》がなされるようになるのである。（173字《じ》↓75字《じ》以内《いない》）

ここがポイント！

❶②「人間《にんげん》は」から書《か》き始《はじ》めると、まとめやすくなります。

5 複数《ふくすう》の文《ぶん》で要約《ようやく》する①

月　日
点《てん》

解説《かいせつ》 骨組《ほねぐ》みをとらえて整理《せいり》する

ここからは、必《かなら》ずしも一文《いちぶん》ではなく、複数《ふくすう》の文《ぶん》に言《い》いかえて整理《せいり》していく練習《れんしゅう》です。

どんな主張《しゅちょう》も、根拠《こんきょ》と結論《けつろん》から成《な》り立《た》ちます。それを整理《せいり》すると、次《つぎ》の型《かた》になります。

〈ふくしま式《しき》　二〇〇字《にひゃくじ》メソッド〉

[ア]は[1]（な）ため[A]。
しかし、[イ]は[2]（な）ため[B]。　⇔ 対比関係《たいひかんけい》　…根拠《こんきょ》
だから、[ア]よりも[イ]のほうが[C]。※　⇐ 因果関係《いんがかんけい》　…結論《けつろん》

※三文目《さんぶんめ》のアとイを逆《ぎゃく》にしてもよい

これが、あらゆる主張《しゅちょう》を整理《せいり》するための骨組《ほねぐ》みであり、型《かた》なのです（二〇〇字《にひゃくじ》という数値《すうち》はあくまでも目安《めやす》）。詳《くわ》しくは、36ページで紹介《しょうかい》している本《ほん》を参照《さんしょう》いただくとして、ここでは、この型《かた》をいかにして要約《ようやく》に活用《かつよう》するかについて、扱《あつか》っていきます。

冒頭解説《ぼうとうかいせつ》（6ページ）で述《の》べた三《みっ》つの関係《かんけい》のうち「同等関係《どうとうかんけい》」（抽象《ちゅうしょう》・具体《ぐたい》の関係《かんけい》）が上《うえ》の図《ず》には含《ふく》まれていないぞ、と思《おも》うかもしれません。たしかに、矢印《やじるし》では示《しめ》されていません。しかし、機能上《きのうじょう》は、当《とう》然含《ぜんふく》まれているのです。

述語《じゅつご》こそが文《ぶん》を支《ささ》えているということは、10ページなどで学《まな》びましたね。文《ぶん》と文《ぶん》の対比関係《たいひかんけい》が成立《せいりつ》するためには、述語《じゅつご》であるA・Bパーツの観点《かんてん》が統一《とういつ》されている必要《ひつよう》があります（40ページで既《すで》に解説済《かいせつずみ》です）。そこで、次《つぎ》の例文《れいぶん》を見《み》てください。

「左《ひだり》のシャツは[五千円《ごせんえん》]だが、右《みぎ》のシャツは[五百円《ごひゃくえん》]だ」

これは、どういう意味《いみ》でしょうか。素直《すなお》に読《よ》むと、ただ単《たん》に価格《かかく》を並《なら》べただけであり、対比的意味《たいひてきいみ》がはっきりしないのですが、多《おお》くは次《つぎ》のように解釈《かいしゃく》するでしょう。

「左《ひだり》のシャツは[高《たか》い]が、右《みぎ》のシャツは[安《やす》い]」

これが、**抽象化**《ちゅうしょうか》（同等関係整理《どうとうかんけいせいり》）です。「五千円《ごせんえん》・五百円《ごひゃくえん》」は、「反対語《はんたいご》・否定表現《ひていひょうげん》」ではありません。そこで抽象化《ちゅうしょうか》し、「高《たか》い・安《やす》い」へと意味《いみ》を広《ひろ》げます。これによって「反対語《はんたいご》・否定表現《ひていひょうげん》」になります（この場合《ばあい》は反対語《はんたいご》）。**このとき初《はじ》めて、対比《たいひ》が成立《せいりつ》したと言《い》えるのです。そして、それが要約《ようやく》の条件《じょうけん》です。**

ではさらに、次《つぎ》の文章《ぶんしょう》を読《よ》んでみましょう。

「左《ひだり》のシャツはア/五千円《ごせんえん》なので1/長持《ながも》ちするだろうA。でも、右《みぎ》のシャツはイ/五百円《ごひゃくえん》なので2/洗濯《せんたく》したらよれよれになりそうだB」※

スラッシュ（/）を入《い》れて、対比《たいひ》すべきパーツをはっきりさせます。さきほどA・Bとして解説《かいせつ》した価格《かかく》は1・2に入《はい》っています。これは、「高《たか》い・安《やす》い」に抽象化《ちゅうしょうか》します。さて、問題《もんだい》はA・Bです。このままでは「反対語《はんたいご》・否定表現《ひていひょうげん》」ではなく、対比《たいひ》の観点《かんてん》が統一《とういつ》されておらず、対比《たいひ》が成立《せいりつ》しているとは言《い》えません。そこで、抽象化《ちゅうしょうか》が必要《ひつよう》です。

A 長持《ながも》ちする → 品質《ひんしつ》がよい

B 洗濯《せんたく》したらよれよれになりそう → 品質《ひんしつ》が悪《わる》い

このようにすれば、要約《ようやく》が可能《かのう》になります。

「左《ひだり》のシャツは高《たか》いため品質《ひんしつ》がよいが、右《みぎ》のシャツは安《やす》いため品質《ひんしつ》が悪《わる》い」となるでしょう。

そして、先《さき》の文章《ぶんしょう》の三文目《さんぶんめ》（※の位置《いち》）に、こう書《か》いてあったとします。

「だから、左《ひだり》より右《みぎ》のほうが、結局《けっきょく》は買《か》い替《か》えるのが早《はや》くなり、お金《かね》がかかるのではないか」

これは、たとえば次《つぎ》のように要約《ようやく》します。

「だから、左《ひだり》よりア/右《みぎ》のほうが、イ/結局《けっきょく》は損《そん》をするC」

「B→だから→C」は、「品質《ひんしつ》が悪《わる》い→だから→損《そん》をする」となり、**因果関係《いんがかんけい》も成立《せいりつ》**しました。

要約文《ようやくぶん》をまとめると、こんなふうになります。

「左《ひだり》のシャツは高《たか》いため品質《ひんしつ》がよいが、右《みぎ》のシャツは安《やす》いため品質《ひんしつ》が悪《わる》い。だから、左《ひだり》より右《みぎ》のほうが、結局《けっきょく》は損《そん》をする」

型《かた》で表《あらわ》すと、こうなります。

「アは1なためAだが、イは2なためB。
だから、アよりもイのほうがC」

これは、「二〇〇字《にひゃくじ》メソッド」の根拠《こんきょ》（一文目《いちぶんめ》・二文目《にぶんめ》）の部分《ぶぶん》を一文《いちぶん》でまとめ、結論《けつろん》を加《くわ》えた二文《にぶん》で要約《ようやく》した形《かたち》になっています。

なお、これを一文《いちぶん》にすると、こうなります。

「アは1なためAだが、イは2なためBなので、アよりもイのほうがC」

ということで、抽象化《ちゅうしょうか》することで対比関係《たいひかんけい》・因果《いんが》関係《かんけい》を整理《せいり》しながら、型《かた》にそって要約《ようやく》していく方法《ほうほう》を、ご説明《せつめい》しました。

ここでふと基本《きほん》に立《た》ち返《かえ》ってみましょう。

二〇〇字《にひゃくじ》メソッド、と言《い》うけれども、もっと短《みじか》い字数《じすう》まで要約《ようやく》したいケースもあるはずではないか、ということです。

そこで、さらに骨組《ほねぐ》みに絞《しぼ》り込《こ》んでいくとどうなるか、整理《せいり》しておきます。

「アは1なためAだが、イは2なためBなので、アよりもイのほうがC」

←　　の部分《ぶぶん》をカット

「アはAだがイはBなため、イのほうがC」（※1）

先《さき》の例文《れいぶん》を当《あ》てはめると、こうなります。

「左《ひだり》のシャツは品質《ひんしつ》がよいが右《みぎ》のシャツは品質《ひんしつ》が悪《わる》いため、右《みぎ》のほうが損《そん》をする」

調子《ちょうし》に乗《の》って、さらに短《みじか》くしてみます。

「イはアよりもBなためC」（※2）

「右《みぎ》のシャツは左《ひだり》よりも品質《ひんしつ》が悪《わる》いため損《そん》をする」

なるほどいいね、と思《おも》うかもしれませんが、（※

1）で1・2パーツ（高《たか》い・安《やす》い）をカットした時《じ》点《てん》で説得力《せっとくりょく》が落《お》ちていることにお気《き》づきでしょうか。左《ひだり》は高《たか》くて、右《みぎ》は安《やす》い。だから、普通《ふつう》は右《みぎ》のほうを買《か》いたくなるでしょ。でも、結局《けっきょく》は、安《やす》く買《か》うと損《そん》をしてしまうんですよ――という、逆説的《ぎゃくせつてき》な意味《いみ》合《あ》いが、消《き》えてしまうわけです。

また、（※2）ではAもカットしていますが、これも意味《いみ》をゆがめる可能性《かのうせい》があります。読《よ》みようによっては、「左《ひだり》も品質《ひんしつ》が悪《わる》い、右《みぎ》も悪《わる》い、ただ、くらべると右《みぎ》のほうが悪《わる》い」とも読《よ》めます。でも、元《もと》の文章《ぶんしょう》を思《おも》い出《だ》してください。左《ひだり》のシャツは五千円《ごせんえん》もしていたのです。これはあくまで、品質《ひんしつ》が「良《よ》い」ものとして表現《ひょうげん》されていたわけです。

要約《ようやく》しすぎには、気《き》をつけなければなりません。

とはいえ、「イはアよりもBなためC」のように、できる限《かぎ》り要約《ようやく》してみる、削《けず》りに削《けず》って短《みじか》くしてみる、という発想《はっそう》は、要約《ようやく》の基本《きほん》です。それで意味《いみ》が削《けず》られすぎるならば戻《もど》せばよいいし、問題《もんだい》ないと思《おも》われるなら、そのままにすればよいでしょう。このあとの問題《もんだい》でも、両《りょう》パターン出《で》てきますので、よく考《かんが》えてみてください。

ところで、因果関係《いんがかんけい》を表《あらわ》す文中接続語《ぶんちゅうせつぞくご》として、「ため」が出《で》てきたり「ので」が出《で》てきたりするのを見《み》て、どうすればよいのか？　と思《おも》っているかもしれません。

基本的《きほんてき》には、「ため」がベストです。「ため」は客《きゃっ》観性《かんせい》が高《たか》く聞《き》こえます。次《つぎ》に客観性《きゃっかんせい》が高《たか》いのは「ので」でしょう。「から」は、主観的《しゅかんてき》な印象《いんしょう》が出《で》やすいと言《い》えます。もちろん、感情《かんじょう》を述《の》べる際《さい》など、意《い》図的《とてき》に「から」を使《つか》うこともできます。

なお、「〜ため〜ため」と繰《く》り返《かえ》すと理解《りかい》しにくくなるため、その場合《ばあい》は「〜ため〜ので」などとしたり、「〜であり〜ため」などとする工夫《くふう》が必要《ひつよう》です。

実《じつ》は、「から・ので・ため」のいずれも使《つか》わず、「であり」を使《つか》うとスムーズに読《よ》める文《ぶん》になることも、多々《たた》あります。覚《おぼ》えておきましょう。

それでは、具体的《ぐたいてき》な問題《もんだい》に挑戦《ちょうせん》です。

1

次《つぎ》の各文《かくぶん》を要約《ようやく》しなさい。（　）に書《か》かれた文字《もじ》数《すう》、および文《ぶん》の数《かず》で書《か》くこと（句読点《くとうてん》も字数《じすう》に含《ふく》む）。
※難《むずか》しく感《かん》じる場合《ばあい》は54・55ページを参考《さんこう》にしましょう。

25点《てん》×4 ★★★

①　将棋《しょうぎ》は、「角《かく》」は斜《なな》め、「飛車《ひしゃ》」はまっすぐ、「桂馬《けいま》」はジャンプ、などというようにコマに個性《こせい》があるため、子《こ》どもが興味《きょうみ》を持《も》ちやすい。一方《いっぽう》、囲碁《いご》は、そこに白《しろ》と黒《くろ》の石《いし》があるだけであり、子《こ》どもは興味《きょうみ》を持《も》ちにくいかもしれない。だから、将棋《しょうぎ》より囲碁《いご》のほうが、学校《がっこう》の部活《ぶかつ》としては少《すく》ないのではないかと考《かんが》えられる。
（146字《じ》→90字《じ》以内《いない》・2文《ぶん》）

②　新幹線《しんかんせん》や飛行機《ひこうき》にでも乗《の》って遠《とお》くの街《まち》へ出《で》かければ、そこには日常《にちじょう》とは異《こと》なる未知《みち》の世界《せかい》が広《ひろ》がっているのだから、新《あたら》しい発見《はっけん》を容易《ようい》に得《え》られるだろう。一方《いっぽう》、自分《じぶん》が住《す》んでいる町《まち》の公園《こうえん》や施設《しせつ》など、近場《ちかば》に出《で》かけるだけだと、そこにはふだん見慣《みな》れた光景《こうけい》しかないわけで、そこで新《あたら》しい何《なに》かを発見《はっけん》するというのは、なかなか難《むずか》しい。だからこそ逆《ぎゃく》に、あえて近場《ちかば》に出《で》かけるほうが、新《あたら》しい何《なに》かを発見《はっけん》するための目《め》を養《やしな》うことができるのではないか。（202字《じ》→100字《じ》以内《いない》・2文《ぶん》）

解説《かいせつ》・解答《かいとう》は130ページ～

③ 春《はる》には、卒業式《そつぎょうしき》も入学式《にゅうがくしき》もある。学年《がくねん》が切《き》り替《か》わる。大人《おとな》は、職場《しょくば》が変《か》わる人《ひと》もいる。そんなふうに、春《はる》というのは別《わか》れと出会《であ》いが多《おお》く、不安《ふあん》と期待《きたい》に包《つつ》まれている。一方《いっぽう》、秋《あき》は、夏《なつ》の活発《かっぱつ》さがなくなって寂《さび》しさも出《で》てくるけれど、春《はる》のような環境《かんきょう》の変化《へんか》は少《すく》ないから、気持《きも》ちのゆらぎも少《すく》ない。その意味《いみ》で、私《わたし》は春《はる》よりも秋《あき》のほうが好《す》きだ。

(1)（154字《じ》→60字《じ》以内《いない》・1文《ぶん》）

(2)（154字《じ》→40字《じ》以内《いない》・1文《ぶん》）

ここがポイント！

③後半《こうはん》の表現《ひょうげん》を生《い》かして、対比《たいひ》の観点《かんてん》を統一《とういつ》します。(2)は、「イはアよりもBなためC」の型《かた》で書《か》いてみましょう。

6 複《ふく》数《すう》の文《ぶん》で要《よう》約《やく》する②

月　日

点《てん》

解説《かいせつ》　逆説的《ぎゃくせつてき》な主張《しゅちょう》の型《かた》を知《し》り、活用《かつよう》する

二〇〇字《にひゃくじ》メソッドと似《に》ていますが、ちょっと異《こと》なる型《かた》があります。

〈ふくしま式《しき》　逆説型短作文《ぎゃくせつがたたんさくぶん》〉

[ア]は（[1]（な）ため）[A]。　…常識《じょうしき》
しかし実際《じっさい》には、（[ア]は、）むしろ[B]。　…逆説《ぎゃくせつ》
というのも、[2]だからだ。　…逆説《ぎゃくせつ》の根拠《こんきょ》

二〇〇字《にひゃくじ》メソッドではアとイを比較《ひかく》し、その違《ちが》いを説明《せつめい》する形《かたち》でしたが、今回《こんかい》はイが登場《とうじょう》しません。二《ふた》つのものごとを対比《たいひ》するのではなく、一《ひと》つのものごとをめぐる常識的《じょうしきてき》な価値判断《かちはんだん》と、逆説的《ぎゃくせつてき》な価値《かち》判断《はんだん》を対比《たいひ》するわけです。分《わ》かりやすく言《い》えば、「普《ふ》通《つう》」と「普通《ふつう》の逆《ぎゃく》」をくらべて、「普通《ふつう》の逆《ぎゃく》」のほうを主張《しゅちょう》するための型《かた》です。

実《じつ》は、この形《かたち》で書《か》かれた文章《ぶんしょう》が非常《ひじょう》に多《おお》いのです。それは読解問題等《どっかいもんだいとう》に限《かぎ》ったことではありません。世《よ》の主張《しゅちょう》という主張《しゅちょう》は、どれも逆説《ぎゃくせつ》の形《かたち》をとると言《い》っても過言《かごん》ではないでしょう。

世《よ》の中《なか》をよりよくするためには、常識《じょうしき》のままで満《まん》足《ぞく》せず、現状《げんじょう》を打《う》ち破《やぶ》っていく必要《ひつよう》があります。また、他人《たにん》を説得《せっとく》しようとするなら、当《あ》たり前《まえ》の主張《しゅちょう》をしていては見聞《みき》きしてもらえません。だからこそ、本《ほん》の書《か》き手《て》、あるいはネットやマスメディアで情報《じょうほう》を発信《はっしん》する人々《ひとびと》は、逆説《ぎゃくせつ》を主張《しゅちょう》しようとするのです。逆説的《ぎゃくせつてき》な文章《ぶんしょう》を要約《ようやく》する習慣《しゅうかん》をつけておけば、そういったあらゆる主張《しゅちょう》を、整理《せいり》・理解《りかい》できるようになるわけです。

ところで、上記《じょうき》の型《かた》の中《なか》で1パーツに（　）がついていますが、これは、常識《じょうしき》の理由《りゆう》というものは書《か》かなくても通《つう》じる場合《ばあい》があるからです。また、二《ふた》つ目《め》のアは省略可能《しょうりゃくかのう》なので、（　）がついています。

それでは、具体的《ぐたいてき》な問題《もんだい》に取《と》り組《く》んでいきましょう。

1 次《つぎ》の文章《ぶんしょう》を要約《ようやく》しなさい。（　）に書《か》かれた文字《もじ》数《すう》、および文《ぶん》の数《かず》で書《か》くこと（句読点《くとうてん》も字数《じすう》に含《ふく》む）。

※難《むずか》しく感《かん》じる場合《ばあい》は55ページを参考《さんこう》にしましょう。

100点《てん》★★★

① ルールというのは通常《つうじょう》、多数決《たすうけつ》で決《き》められるものであるため、それを守《まも》らない少数派《しょうすうは》が悪者扱《わるものあつか》いされる。しかし実際《じっさい》には、ルールというのは、守《まも》らない少数派《しょうすうは》こそが大事《だいじ》なのではないか。というのも、学校《がっこう》の校則《こうそく》やスポーツのルール、その他《た》の公的《こうてき》・私的《してき》なあらゆるルールは、そのルールに不《ふ》満《まん》を持《も》つ少数派《しょうすうは》が声《こえ》を上《あ》げればこそ、改善《かいぜん》・改良《かいりょう》され、そこによりよい社会《しゃかい》がつくられていくからである。髪《かみ》の色《いろ》、服装《ふくそう》、持《も》ち物《もの》などについて、生《せい》徒《と》に対《たい》し過剰《かじょう》な規制《きせい》を行《おこな》う「ブラック校則《こうそく》」などと呼《よ》ばれるルールが改善《かいぜん》されていくのはその好例《こうれい》だろうし、野球《やきゅう》やサッカーなどの競技《きょうぎ》におけるルールがさまざまに変化《へんか》・進化《しんか》していくのも、その大切《たいせつ》な例《れい》だろう。（293字《じ》→100字《じ》以内《いない》・2文《ぶん》）

ここがポイント！

❶① 「アはB。というのも、2だからだ」の形《かたち》で書《か》きます。2パーツの内容《ないよう》を決《き》める際《さい》は、具体的《ぐたいてき》な表現《ひょうげん》をカットする（＝抽象度《ちゅうしょうど》の高《たか》いところを残《のこ》す）ようにしてみましょう。

解説《かいせつ》・解答《かいとう》は131ページ〜

★ヒントページ（50〜53ページの問題《もんだい》のヒント）

★ノーヒントで解《と》きたい場合《ばあい》は、読《よ》まずに進《すす》めましょう。あとで答《こた》え合《あ》わせする際《さい》に、参考《さんこう》にしてください。

50ページ

① 将棋《しょうぎ》は、「角《かく》」は斜《なな》め、「飛車《ひしゃ》」はまっすぐ、「桂馬《けいま》」はジャンプ、などというようにコマに個《こ》性《せい》があるため、子《こ》どもが興味《きょうみ》を持《も》ちやすい。一方《いっぽう》、囲碁《いご》は、そこに白《しろ》と黒《くろ》の石《いし》があるだけであり、子《こ》どもは興味《きょうみ》を持《も》ちにくいかもしれない。だから、将棋《しょうぎ》より囲碁《いご》のほうが、学校《がっこう》の部活《ぶかつ》としては少《すく》ないのではないかと考《かんが》えられる。

（146字《じ》→90字《じ》以内《いない》・2文《ぶん》）

★　が、カットできる部分《ぶぶん》です。これを2文《ぶん》にまとめるには、接続語《せつぞくご》（□部《ぶ》）に手《て》を加《くわ》えます。38ページ上《じょう》段《だん》の解説《かいせつ》を参考《さんこう》に考《かんが》えましょう。——部《ぶ》は、前半《ぜんはん》（将棋《しょうぎ》の説明《せつめい》）をもとに観点《かんてん》を統一《とういつ》（6ページ参照《さんしょう》）させます。

50ページ

② 新幹線《しんかんせん》や飛行機《ひこうき》にでも乗《の》って遠《とお》くの街《まち》へ出《で》かければ、そこには日常《にちじょう》とは異《こと》なる未知《みち》の世界《せかい》が広《ひろ》がっているのだから、新《あたら》しい発見《はっけん》を容易《ようい》に得《え》られるだろう。一方《いっぽう》、自分《じぶん》が住《す》んでいる町《まち》の公園《こうえん》や施設《しせつ》など、近場《ちかば》に出《で》かけるだけだと、そこにはふだん見慣《みな》れた光景《こうけい》しかないわけで、そこで新《あたら》しい何《なに》かを発見《はっけん》するというのは、なかなか難《むずか》しい。だからこそ逆《ぎゃく》に、あえて近場《ちかば》に出《で》かけるほうが、新《あたら》しい何《なに》かを発見《はっけん》するための目《め》を養《やしな》うことができるのではないか。

（202字《じ》→100字《じ》以内《いない》・2文《ぶん》）

★□部《ぶ》および——部《ぶ》に手《て》を加《くわ》えます。「ふだん見慣《みな》れた光景《こうけい》しかない」は、前半《ぜんはん》をもとに観点《かんてん》を統一《とういつ》させます。

51ページ

③ 春《はる》には、卒業式《そつぎょうしき》も入学式《にゅうがくしき》もある。学年《がくねん》が切《き》り替《か》わる。大人《おとな》は、職場《しょくば》が変《か》わる人《ひと》もいる。そんなふうに、春《はる》というのは別《わか》れと出会《であ》いが多《おお》く、不安《ふあん》と期待《きたい》に包《つつ》まれている。一方《いっぽう》、秋《あき》は、夏《なつ》の活発《かっぱつ》さがなくなって寂《さび》しさも出《で》てくるけれど、春《はる》のような環境《かんきょう》の変化《へんか》は少《すく》ないから、気持《きも》ちのゆらぎも少《すく》ない。その意味《いみ》で、私《わたし》は春《はる》よりも秋《あき》のほうが好《す》きだ。

(1)（154字《じ》→60字《じ》以内《いない》・1文《ぶん》）

★ □部《ぶ》および——部《ぶ》に手《て》を加《くわ》えます。「別《わか》れと出会《であ》い」および「不安《ふあん》と期待《きたい》に包《つつ》まれている」は、後半《こうはん》をもとにして観点《かんてん》を統一《とういつ》させます。

(2)（154字《じ》→40字《じ》以内《いない》・1文《ぶん》）

★ 51ページの「ここがポイント！」にもあるように、「イはアよりもBなためC」の型《かた》でまとめます。この型《かた》でまとめても、49ページで述《の》べた「要約《ようやく》しすぎ」の例《れい》には当《あ》たりません。

53ページ

① ルールというのは通常《つうじょう》、多数決《たすうけつ》で決《き》められるものであるため、それを守《まも》らない少数派《しょうすうは》が悪者扱《わるものあつか》いされる。しかし実際《じっさい》には、ルールというのは、守《まも》らない少数派《しょうすうは》こそが大事《だいじ》なのではないか。というのも、学校《がっこう》の校則《こうそく》やスポーツのルール、その他《た》の公的《こうてき》・私的《してき》なあらゆるルールは、そのルールに不《ふ》満《まん》を持《も》つ少数派《しょうすうは》が声《こえ》を上《あ》げればこそ、改善《かいぜん》・改良《かいりょう》され、そこによりよい社会《しゃかい》がつくられていくからである。髪《かみ》の色《いろ》、服装《ふくそう》、持《も》ち物《もの》などについて、生《せい》徒《と》に対《たい》し過剰《かじょう》な規制《きせい》を行《おこな》う「ブラック校則《こうそく》」などと呼《よ》ばれるルールが改善《かいぜん》されていくのはその好例《こうれい》だろうし、野球《やきゅう》やサッカーなどの競技《きょうぎ》におけるルールがさまざまに変化《へんか》・進化《しんか》していくのも、その大切《たいせつ》な例《れい》だろう。

（293字《じ》→100字《じ》以内《いない》・2文《ぶん》）

★ ——部《ぶ》に手《て》を加《くわ》えます。具体例《ぐたいれい》をカットするのは、今《こん》回《かい》はさほど難《むずか》しくなかったでしょう。

7 複《ふく》数《すう》の文《ぶん》で要約《ようやく》する③

月　日

点《てん》

解説《かいせつ》　字《じ》数《すう》に応《おう》じて内容《ないよう》を調整《ちょうせい》する

52ページに引《ひ》き続《つづ》き、さらに逆説型短作文《ぎゃくせつがたたんさくぶん》の型《かた》を活用《かつよう》した要約《ようやく》を練習《れんしゅう》します。型《かた》を再掲《さいけい》します。

〈ふくしま式《しき》　逆説型短作文《ぎゃくせつがたたんさくぶん》〉

アは（1（な）ため）A。　…常識《じょうしき》

しかし実際《じっさい》には、（アは、）むしろB。　…逆説《ぎゃくせつ》

というのも、2だからだ。　…逆説《ぎゃくせつ》の根拠《こんきょ》

先《さき》にも述《の》べたように、これは、「普通《ふつう》」と「普通《ふつう》の逆《ぎゃく》」をくらべて「普通《ふつう》の逆《ぎゃく》」のほうを主張《しゅちょう》するための型《かた》ですから、要約文《ようやくぶん》の中《なか》に「普通《ふつう》」の内容《ないよう》（アはA）を残《のこ》さなくてもよいのですが、字数《じすう》に余裕《よゆう》があれば、残《のこ》してもかまいません。そこは、そのつど判断《はんだん》していくことになります。

1　次《つぎ》の各文《かくぶん》を要約《ようやく》しなさい。（　）に書《か》かれた文字《もじ》数《すう》、および文《ぶん》の数《かず》で書《か》くこと（句読点《くとうてん》も字数《じすう》に含《ふく》む）。

※難《むずか》しく感《かん》じる場合《ばあい》は58ページを参考《さんこう》にしましょう。

100点《てん》　★★★

① キンドルなどの電子書籍《でんししょせき》は、本棚《ほんだな》の場所《ばしょ》をとらないとか、何冊分《なんさつぶん》でも持《も》ち運《はこ》んでいつでも読《よ》めるとか、物《もの》としての実体《じったい》を持《も》たないがゆえにメリットがあると思《おも》われている。

しかし実際《じっさい》には、物《もの》としての実体《じったい》を持《も》たないことが、むしろ大《おお》きなデメリットにつながっている。

たとえば「あのときは申《もう》し訳《わけ》ありませんでした」というお詫《わ》びのメッセージが手紙《てがみ》で届《とど》くのと、メールで届《とど》くのとでは、言葉《ことば》の重《おも》みが違《ちが》う。その手紙《てがみ》が手書《てが》きでなく活字《かつじ》であっても、だ。

また、自己紹介《じこしょうかい》を紙《かみ》の名刺《めいし》で受《う》け取《と》るのと、メールの署名《しょめい》で受《う》け取《と》るのとでは、その人間《にんげん》の存在《そんざい》感《かん》が変《か》わるはずだ。

あるいは、レストランのメニュー表《ひょう》が紙《かみ》をめくる形《かたち》でなくスマホ上《じょう》でスクロールする形《かたち》だったら、

ちゃんと悔《く》いなく選《えら》べたのかどうか、不安《ふあん》になるだろう。見逃《みのが》しがある感《かん》じがするからだ。

そして、本《ほん》に話《はなし》を戻《もど》せば、その本《ほん》を読《よ》み終《お》えたとき、本当《ほんとう》に「読《よ》み終《お》えた」と思《おも》えるのは、紙《かみ》だろうか、電子《でんし》だろうか。言《い》わずもがなである。

要《よう》するに、電子的《でんしてき》な文字列《もじれつ》は、その言葉《ことば》の奥《おく》にある意味《いみ》の重《おも》みを失《うしな》わせる。余白《よはく》を含《ふく》んだ全体像《ぜんたいぞう》を物理的《ぶつりてき》に視覚《しかく》でとらえること、それと同時《どうじ》に、物理的《ぶつりてき》な輪郭《りんかく》や重量感《じゅうりょうかん》を触覚《しょっかく》でとらえることが、本来《ほんらい》、その「重《おも》み」を生《う》んでいたことに、気《き》づかされるのである。物《もの》としての実体《じったい》を持《も》つということは、そうした気《き》づきにくいところで、価値《かち》を生《う》んでいたわけだ。

（567字《じ》↓180字以内《じいない》・2文《ぶん》または3文《ぶん》）

★ヒントページ（56・57ページの問題《もんだい》のヒント）

★　ノーヒントで解《と》きたい場合《ばあい》は、読《よ》まずに進《すす》めましょう。あとで答《こた》え合《あ》わせする際《さい》に、参考《さんこう》にしてください。

56ページ

①　キンドルなどの電子書籍《でんししょせき》は、本棚《ほんだな》の場所《ばしょ》をとらないとか、何冊分《なんさつぶん》でも持《も》ち運《はこ》んでいつでも読《よ》めるとか、物《もの》としての実体《じったい》を持《も》たないがゆえにメリットがあると思《おも》われている。

しかし実際《じっさい》には、物《もの》としての実体《じったい》を持《も》たないことが、むしろ大《おお》きなデメリットにつながっている。

たとえば「あのときは申《もう》し訳《わけ》ありませんでした」というお詫《わ》びのメッセージが手紙《てがみ》で届《とど》くのと、メールで届《とど》くのとでは、言葉《ことば》の重《おも》みが違《ちが》う。その手紙《てがみ》が手書《てが》きでなく活字《かつじ》であっても、だ。

また、自己紹介《じこしょうかい》を紙《かみ》の名刺《めいし》で受《う》け取《と》るのと、メールの署名《しょめい》で受《う》け取《と》るのとでは、その人間《にんげん》の存在《そんざい》感《かん》が変《か》わるはずだ。

あるいは、レストランのメニュー表《ひょう》が紙《かみ》をめくる形《かたち》でなくスマホ上《じょう》でスクロールする形《かたち》だったら、ちゃんと悔《く》いなく選《えら》べたのかどうか、不安《ふあん》になるだろう。見逃《みのが》しがある感《かん》じがするからだ。

そして、本《ほん》に話《はなし》を戻《もど》せば、その本《ほん》を読《よ》み終《お》えたとき、本当《ほんとう》に「読《よ》み終《お》えた」と思《おも》えるのは、紙《かみ》だろうか、電子《でんし》だろうか。言《い》わずもがなである。

要《よう》するに、電子的《でんしてき》な文字列《もじれつ》は、その言葉《ことば》の奥《おく》にある意味《いみ》の重《おも》みを失《うしな》わせる。余白《よはく》を含《ふく》んだ全体像《ぜんたいぞう》を物理的《ぶつりてき》に視覚《しかく》でとらえること、それと同時《どうじ》に、物理的《ぶつりてき》な輪郭《りんかく》や重量感《じゅうりょうかん》を触覚《しょっかく》でとらえることが、本来《ほんらい》、その「重《おも》み」を生《う》んでいたことに、気《き》づかされるのである。物《もの》としての実体《じったい》を持《も》つということは、そうした気《き》づきにくいところで、価値《かち》を生《う》んでいたわけだ。

（567字《じ》→180字《じ》以内《いない》・2文《ぶん》または3文《ぶん》）

★　□が、カットできる部分《ぶぶん》です。

★　□部《ぶ》および——部《ぶ》に手《て》を加《くわ》えます。

★「要《よう》するに」で始《はじ》まる最後《さいご》の段落《だんらく》の、枠《わく》で囲《かこ》まれた部分《ぶぶん》については、抽象度《ちゅうしょうど》が高《たか》いため重要《じゅうよう》です。この部分《ぶぶん》を整《せい》理《り》すると、次《つぎ》の図《ず》のようになります。

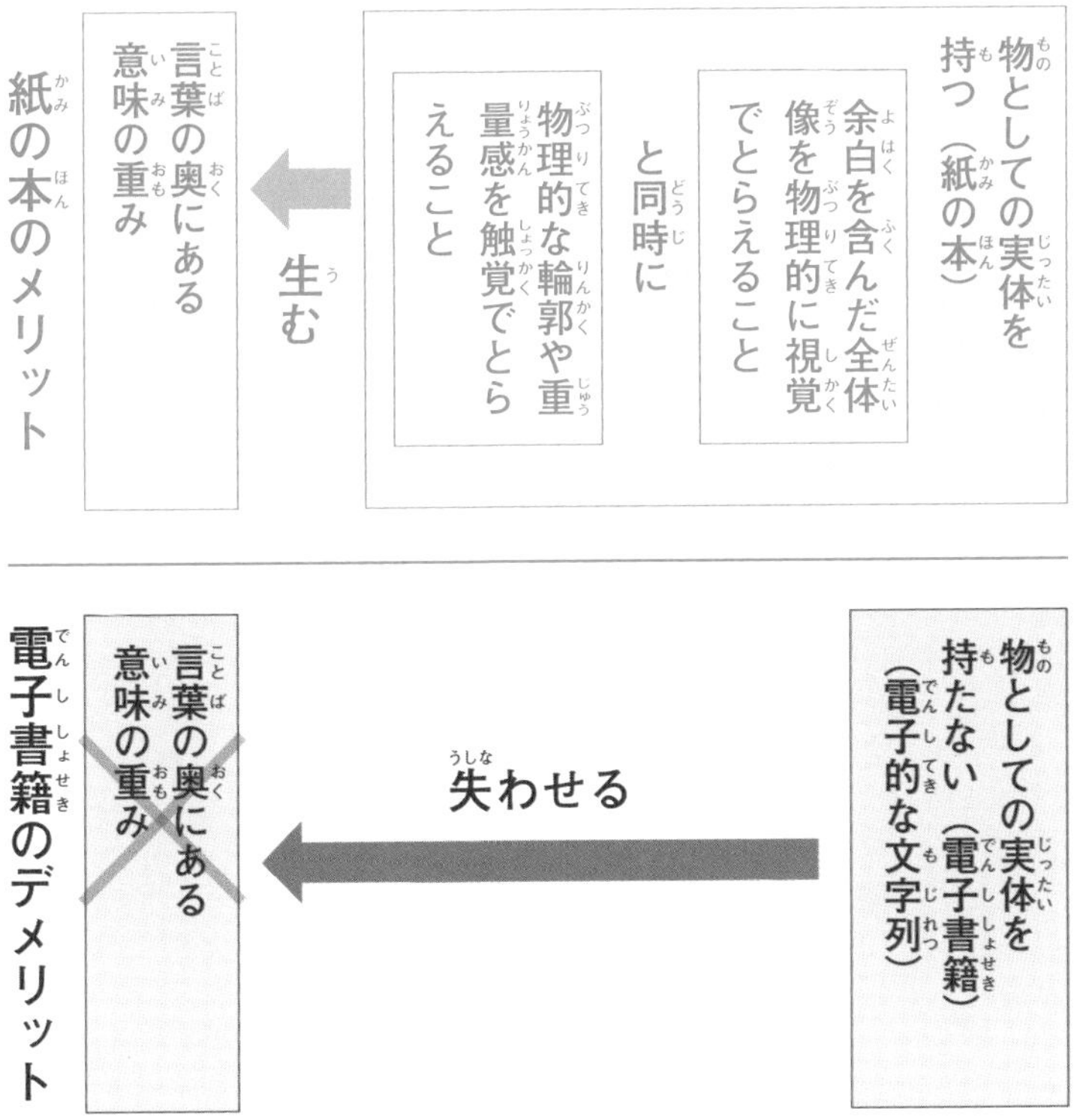

★語句《ごく》と語句《ごく》との関係性《かんけいせい》を、頭《あたま》の中《なか》で（それが無理《むり》なら図《ず》にしてみて）整理《せいり》しながら再構成《さいこうせい》すること。これが要《よう》約《やく》においては不可欠《ふかけつ》なステップとなります。

★「解答例《かいとうれい》」の後半《こうはん》を、書《か》いてみましょう。

（解答例《かいとうれい》）電子書籍《でんししょせき》が物《もの》としての実体《じったい》を持《も》たないことはメリットにつながっていると思《おも》われているが、実際《じっさい》にはむしろ大《おお》きなデメリットにつながっている。というのも、本《ほん》が物《もの》としての実体《じったい》を持《も》たないと、

部《ぶ》分《ぶん》要《よう》約《やく》（つまりどういうことか）

月　日

点《てん》

解説《かいせつ》　どこからどこまでをまとめるのか

文章読解問題《ぶんしょうどっかいもんだい》では、「つまり」「要《よう》するに」などといった接続表現《せつぞくひょうげん》のあとに続《つづ》く内容《ないよう》を考《かんが》えさせるタイプの設問《せつもん》があります。

　これはいわば、「部分要約《ぶぶんようやく》」の問《と》いです。「つまり」「要《よう》するに」などは、多《おお》くの場合《ばあい》、前後《ぜんご》の関係《かんけい》が次《つぎ》のようになっています。

具体的内容《ぐたいてきないよう》　↓つまり　↓　抽象的内容《ちゅうしょうてきないよう》

具体的内容《ぐたいてきないよう》　↓要《よう》するに↓　抽象的内容《ちゅうしょうてきないよう》

　こうした設問《せつもん》でまず大切《たいせつ》なのは、どこからどこまでの〈具体《ぐたい》〉を要約《ようやく》すればよいか、範囲《はんい》を見定《みさだ》めることです。

　では、練習《れんしゅう》してみましょう。

1　次《つぎ》の文章《ぶんしょう》を読《よ》み、あとの問《と》いに答《こた》えなさい。　100点《てん》★★★

　私《わたし》たちの身《み》の回《まわ》りには、先人《せんじん》がつくりあげてくれた優《すぐ》れた技術《ぎじゅつ》が、たくさんある。広《ひろ》く言《い》えば、算数《さんすう》の公式《こうしき》なども、その一《ひと》つだ。

　ただ、学校《がっこう》の算数《さんすう》の授業《じゅぎょう》では、ちょっと困《こま》った授《じゅ》業《ぎょう》が行《おこな》われていることが多《おお》いらしい。

　それを考《かんが》えるヒントとして、まずは、エアコン、テレビ、電子《でんし》レンジといった家電製品《かでんせいひん》をイメージしてみよう。

　私《わたし》たちは、エアコンによる冷却《れいきゃく》の仕組《しく》みを知《し》らなくても、そのエアコンを使《つか》い、部屋《へや》を快適《かいてき》に保《たも》つことができる。

　また、離《はな》れた場所《ばしょ》の映像《えいぞう》と音声《おんせい》を、自宅《じたく》にいながらテレビで視聴《しちょう》できる理由《りゆう》を知《し》らなくても、そのテレビを見《み》て、さまざまな情報《じょうほう》を得《え》ることができる。

　そして、電子《でんし》レンジで飲食物《いんしょくぶつ》を温《あたた》める技術《ぎじゅつ》について知《し》らなくても、その電子《でんし》レンジを用《もち》いて飲食物《いんしょくぶつ》を

解説《かいせつ》・解答《かいとう》は133ページ～

温《あたた》めることができる。
つまり、私《わたし》たちは、（　　　　　　　　　　　　　　　）。
それと同《おな》じように、算数《さんすう》の公式《こうしき》も、なぜそういう式《しき》で計算《けいさん》できるのかについて知《し》らなくても、公式《こうしき》を使《つか》って文章題《ぶんしょうだい》を解《と》くようなことはできる。

にもかかわらず、小学校《しょうがっこう》における算数《さんすう》の授業《じゅぎょう》は、必要以上《ひつよういじょう》にその原理《げんり》をゼロから考《かんが》えさせようとするため、活用《かつよう》の練習《れんしゅう》が不足《ふそく》してしまう傾向《けいこう》にある。たとえば、円《えん》の面積《めんせき》を求《もと》める公式《こうしき》について、画用紙《がようし》を配付《はいふ》し、紙《かみ》を円《えん》の形《かたち》に切《き》らせ、どうすればその公式《こうしき》ができるのかを、試行錯誤《しこうさくご》をとおして自《みずか》ら気《き》づかせようとする。しかし、稀代《きだい》の先人《せんじん》と同《おな》じ「公式発見《こうしきはっけん》のプロセス」を、十歳程度《じっさいていど》の子《こ》どもが再現《さいげん》できるはずもないし、そもそも教科書《きょうかしょ》を開《ひら》けばそこに書《か》いてあることを、わざわざ時間《じかん》をかけて「発見《はっけん》させる」必要《ひつよう》があるのか。それよりも、公式《こうしき》を使《つか》った計算問題《けいさんもんだい》や文章題《ぶんしょうだい》を解《と》くために、より多《おお》くの時間《じかん》を割《さ》くべきではないのか。

先人《せんじん》が遺《のこ》した知識《ちしき》・技術《ぎじゅつ》を再度《さいど》解《と》き明《あ》かすことが、悪《わる》いことだと言《い》うのではない。それはそれで価値《かち》あることだ。しかしもっと大切《たいせつ》なのは、その知識《ちしき》・技術《ぎじゅつ》を活用《かつよう》して新時代《しんじだい》を築《きず》くことなのではないか。古《ふる》い知識《ちしき》・技術《ぎじゅつ》が、新《あたら》しい知識《ちしき》・技術《ぎじゅつ》を生《う》む。そのためには、小学校《しょうがっこう》の算数授業《さんすうじゅぎょう》のようなことをしていてはいけないのだ。

① 文章中《ぶんしょうちゅう》の空欄《くうらん》を埋《う》めるのにふさわしい25字以内《じいない》の文《ぶん》を書《か》きなさい（句読点《くとうてん》も字数《じすう》に含《ふく》む）。

ここがポイント!

❶① 「つまり」の前《まえ》を要約《ようやく》する設問《せつもん》ですが、「つまり」の文《ぶん》のあとにもヒントが隠《かく》されていることは多々《たた》あります。抽象化《ちゅうしょうか》する際《さい》に役立《やくだ》つ言葉《ことば》を、そこから探《さが》してみましょう。

9

部《ぶ》分《ぶん》要《よう》約《やく》（「それ」とは何《なに》か①）

月　日

点《てん》

解説《かいせつ》 よくあるこの設問《せつもん》も要約《ようやく》の課題《かだい》である

文章《ぶんしょう》を読《よ》んでいると、たいていの場合《ばあい》、「指示語《しじご》」が出《で》てきます。学校《がっこう》では、「こそあど言葉《ことば》」などと習《なら》うこともありますね。

「これ」「こういう」「このような」「こういった」…

「それ」「そういう」「そのような」「そういった」…

「あれ」「ああいう」「あのような」「ああいった」…

「どれ」「どういう」「どのような」「どういった」…

こういった言葉《ことば》を、「指示語《しじご》」と呼《よ》びます。

そして、文章読解《ぶんしょうどっかい》でよく出《で》てくる設問《せつもん》があります。

「それ」とは何《なん》ですか、○○文字以内《もじいない》で説明《せつめい》しなさい——といった設問《せつもん》です。

これを答《こた》えるために必要《ひつよう》なのは、「部分要約《ぶぶんようやく》」の力《ちから》です。

では、引《ひ》き続《つづ》き練習《れんしゅう》しましょう。

---

1 次《つぎ》の文章《ぶんしょう》を読《よ》み、あとの問《と》いに答《こた》えなさい。

※難《むずか》しく感《かん》じる場合《ばあい》は67ページを参考《さんこう》にしましょう。

100点《てん》 ★★★

みんなが同《おな》じことをするというのは、一般的《いっぱんてき》には悪《わる》いこととして批判《ひはん》されがちである。

たとえば、読書感想文《どくしょかんそうぶん》の課題図書《かだいとしょ》が一冊《いっさつ》の本《ほん》に限《げん》定《てい》され、みんながそれを読《よ》まねばならないとすれば、そのことを画一的《かくいつてき》だと批判《ひはん》する教師《きょうし》が出《で》てくるだろう。

あるいは、ある事件《じけん》が起《お》きた際《さい》、どのテレビ局《きょく》もその事件《じけん》ばかりを取《と》り上《あ》げて報道《ほうどう》しているとすれば、それも画一的《かくいつてき》だと批判《ひはん》されるだろう。

しかし、実際《じっさい》のところ、画一的《かくいつてき》だと言《い》われる多《おお》くのものごとは、むしろ多様性《たようせい》を見出《みいだ》すきっかけになるのではないだろうか。

たとえば、読書感想文《どくしょかんそうぶん》ならば、同《おな》じ本《ほん》を指定《してい》するからこそ、個人《こじん》による読《よ》みの深《ふか》さの違《ちが》いやアプローチの独自性《どくじせい》に気《き》づけるのであろうし、テレビ報道《ほうどう》ならば、同《おな》じ事件《じけん》について伝《つた》えるからこそ、テレビ局《きょく》ごとの伝《つた》え方《かた》の違《ちが》いが分《わ》かるのである。
　これは、徒競走《ときょうそう》にたとえることもできる。同《おな》じスタート地点《ちてん》から同《おな》じゴール地点《ちてん》まで同時《どうじ》に同《おな》じ方向《ほうこう》へ走《はし》る、つまり基準《きじゅん》をそろえるからこそ、そこに能《のう》力差《りょくさ》が見出《みいだ》せるのであり、もし違《ちが》うスタート地点《ちてん》から違《ちが》うゴール地点《ちてん》までバラバラのタイミングと方向《ほうこう》で走《はし》るとなれば、能力差《のうりょくさ》など全《まった》く見出《みいだ》せなくなるというわけだ。

　このように考《かんが》えると、個性《こせい》というものは、「みんなが同《おな》じことをする」ことからこそ生《しょう》じるという逆《ぎゃく》説《せつ》が成《な》り立《た》つだろう。

「みんなが同《おな》じことをするのはよくない」という一《いっ》般論《ぱんろん》を主張《しゅちょう》する人《ひと》は、のきなみ、画一性《かくいつせい》を嫌《きら》い個性《こせい》を重視《じゅうし》する人《ひと》たちであるはずだ。ならば、あえて同《おな》じスタート地点《ちてん》に立《た》ち、同《おな》じゴールを同時《どうじ》に目指《めざ》すことによって、個々《ここ》の違《ちが》いすなわち個性《こせい》を見出《みいだ》せるように、配慮《はいりょ》すべきなのではないか。

① ――部《ぶ》「このように考《かんが》えると」とありますが、どのような考《かんが》えのことですか。80字以内《じいない》でまとめなさい（句読点《くとうてん》も字数《じすう》に含《ふく》む）。文《ぶん》の終《お》わりが「という考《かんが》え。」になるようにすること。

ここがポイント!

❶① 「たとえば」のあとは〈具体《ぐたい》〉、前《まえ》は〈抽象《ちゅうしょう》〉です。〈具体《ぐたい》〉を捨《す》てて〈抽象《ちゅうしょう》〉を残《のこ》す。これが要約《ようやく》の基本《きほん》です。ただし、〈具体《ぐたい》〉の中《なか》に抽象化《ちゅうしょうか》のヒントが隠《かく》されていることもあるので、注意《ちゅうい》が必要《ひつよう》です。

部《ぶ》分《ぶん》要《よう》約《やく》（「それ」とは何《なに》か②）

月　日

点《てん》

解説《かいせつ》　具体《ぐたい》と抽象《ちゅうしょう》の中間《ちゅうかん》でまとめる

要約《ようやく》は、基本的《きほんてき》に抽象化《ちゅうしょうか》の作業《さぎょう》です。

しかし、抽象化《ちゅうしょうか》とひとくちに言《い》っても、さまざまなレベルがあります。

①「ほのかに酸《す》っぱいりんご、とても甘《あま》いバナナ」

②「りんご、バナナ」

③「果物《くだもの》」

①→②→③と、徐々《じょじょ》に抽象化《ちゅうしょうか》されています。

②は、まだかなり具体的《ぐたいてき》な印象《いんしょう》がありますが、それでも①にくらべれば抽象的《ちゅうしょうてき》ですね。

②のように、具体例《ぐたいれい》の表現《ひょうげん》を削《けず》りつつもその具体《ぐたい》性《せい》は維持《いじ》し、同時《どうじ》に抽象化《ちゅうしょうか》するという作業《さぎょう》も、要約《ようやく》では必要《ひつよう》になるのです。

1　次《つぎ》の文章《ぶんしょう》を読《よ》み、あとの問《と》いに答《こた》えなさい。

※難《むずか》しく感《かん》じる場合《ばあい》は68ページを参考《さんこう》にしましょう。

50点《てん》　★★★

謝《あやま》るというのは、一般的《いっぱんてき》には「相手《あいて》」の気持《きも》ちを考《かんが》えた行為《こうい》だと思《おも》われている。たしかに、相手《あいて》に向《む》かって謝《あやま》るわけだから、それは当然《とうぜん》のことだ。

しかし実《じつ》のところは、相手《あいて》よりもむしろ「自分《じぶん》」のためにこそ、われわれは謝《あやま》っているのではないだろうか。

謝《あやま》るときに使《つか》う「ごめんなさい」は、元来《がんらい》「ご免《めん》なさい」であり、それは「自分《じぶん》をゆるしてください」という意味《いみ》である。「免《めん》」には、「自由《じゆう》にする」「ゆるす」といった意味《いみ》がある。

何《なに》かを手伝《てつだ》ってもらったときに「あ、ごめん」などと口《くち》にすることがあるが、それは、手伝《てつだ》わせるという迷惑《めいわく》をかけた自分《じぶん》をゆるしてください、責《せ》めないでください、ということだ。

「ゆるす」とは元来《がんらい》、「ゆるくする」ことである。ならば「ゆるして」とは「ゆるくして」ということであり、要《よう》は、「私《わたし》を」ラクにしてくださいということだ。ということは、やはり「自分《じぶん》」のための行為《こうい》なのではないか。

こうした言葉《ことば》の由来《ゆらい》をもとに考《かんが》えると、ふと思《おも》い当《あ》たることがある。

誰《だれ》かに謝《あやま》ってもらったとき、もやもやとした気分《きぶん》になることがあるが、その理由《りゆう》も、ここにあるのではないか。

相手《あいて》は、たしかに謝《あやま》ってくれた。しかし、それは彼《かれ》・彼女《かのじょ》が目《め》の前《まえ》の問題《もんだい》に向《む》き合《あ》わず、逃《に》げようとしている姿《すがた》かもしれない。その「もやもや」は、自《みずか》らの利益《りえき》のために謝《あやま》っている人間《にんげん》と向《む》き合《あ》うときの、「もやもや」なのかもしれない。

①「こうした言葉《ことば》の由来《ゆらい》」とありますが、どのような由来《ゆらい》ですか。具体的《ぐたいてき》に、70字《じ》以内《いない》で整理《せいり》しなさい（句読点《くとうてん》も字数《じすう》に含《ふく》む）。

2 次《つぎ》の文章《ぶんしょう》を読《よ》み、あとの問《と》いに答《こた》えなさい。

※難《むずか》しく感《かん》じる場合《ばあい》は69ページを参考《さんこう》にしましょう。

50点《てん》 ★★★

専門家《せんもんか》というのは、ある限《かぎ》られた分野《ぶんや》の知識《ちしき》・技術《ぎじゅつ》しか備《そな》えていないと思《おも》われている。

たとえば、循環器科《じゅんかんきか》の医師《いし》は心臓《しんぞう》のことしか知《し》らない、あるいは歯科医《しかい》は歯科領域《しかりょういき》のことしか知《し》らない、というような認識《にんしき》が一般《いっぱん》にはあるだろう。

しかし実際《じっさい》には、多《おお》くの専門家《せんもんか》は、むしろ幅広《はばひろ》く専門外《せんもんがい》の知識《ちしき》・技術《ぎじゅつ》を備《そな》えているものである。

というのも、どんな分野《ぶんや》であれ世《よ》の中《なか》のものごとには体系的《たいけいてき》なつながりがあるのであって、ある特定《とくてい》の分野《ぶんや》に詳《くわ》しくなるプロセスにおいて必然的《ひつぜんてき》に他《た》の分野《ぶんや》の知識《ちしき》・技術《ぎじゅつ》も身《み》につくことになるからだ。

たとえば、循環器科《じゅんかんきか》の医師《いし》は、患者《かんじゃ》が訴《うった》える胸《むね》の痛《いた》みの原因《げんいん》が心臓《しんぞう》など循環器《じゅんかんき》由来《ゆらい》なのか、肺《はい》など呼《こ》吸器《きゅうき》由来《ゆらい》なのか、胃《い》や食道《しょくどう》など消化器《しょうかき》由来《ゆらい》なのか、胸《むね》の筋肉《きんにく》由来《ゆらい》なのか、はたまた精神《せいしん》に由来《ゆらい》するのか、などといった判別《はんべつ》をしなければならない。また、歯《し》科医《かい》は、口《くち》の中《なか》の環境《かんきょう》が悪化《あっか》すると多《おお》くの外科《げか》領域《りょういき》、内科《ないか》領域《りょういき》に影響《えいきょう》が出《で》ることを知《し》っている必要《ひつよう》がある。

そういった状況《じょうきょう》の中《なか》で、医師《いし》は、専門分野《せんもんぶんや》とは異《こと》なる多様《たよう》な知識《ちしき》・技術《ぎじゅつ》を身《み》につけることになるわけだ。

だから、専門家《せんもんか》は狭《せま》い範囲《はんい》のことしか知《し》らないという判断《はんだん》は、安易《あんい》な考《かんが》えだと言《い》える。

真《しん》のスペシャリストは、ゼネラリスト※でもあるのである。

※いろいろな分野《ぶんや》の知識《ちしき》や能力《のうりょく》をもっている人《ひと》

① 「そういった状況《じょうきょう》」とありますが、どのような状《じょう》況ですか。終《お》わりが「といった状況《じょうきょう》。」になるよう、具体的《ぐたいてき》に、110字以内《じいない》で整理《せいり》しなさい（句読点《くとうてん》も字数《じすう》に含《ふく》む）。

★ヒントページ（62〜66ページの問題《もんだい》のヒント）

★ ノーヒントで解《と》きたい場合《ばあい》は、読《よ》まずに進《すす》めましょう。あとで答《こた》え合《あ》わせする際《さい》に、参考《さんこう》にしてください。

62ページ

① みんなが同《おな》じことをするというのは、一般的《いっぱんてき》には悪《わる》いこととして批判《ひはん》されがちである。

たとえば、読書感想文《どくしょかんそうぶん》の課題図書《かだいとしょ》が一冊《いっさつ》の本《ほん》に限定《げんてい》され、みんながそれを読《よ》まねばならないとすれば、そのことを画一的《かくいつてき》だと批判《ひはん》する教師《きょうし》が出《で》てくるだろう。

あるいは、ある事件《じけん》が起《お》きた際《さい》、どのテレビ局《きょく》もその事件《じけん》ばかりを取《と》り上《あ》げて報道《ほうどう》しているとすれば、それも画一的《かくいつてき》だと批判《ひはん》されるだろう。

しかし、実際《じっさい》のところ、画一的《かくいつてき》だと言《い》われる多《おお》くのものごとは、むしろ多様性《たようせい》を見出《みいだ》すきっかけになるのではないだろうか。

たとえば、読書感想文《どくしょかんそうぶん》ならば、同《おな》じ本《ほん》を指定《してい》するからこそ、個人《こじん》による読《よ》みの深《ふか》さの違《ちが》いやアプローチの独自性《どくじせい》に気《き》づけるのであろうし、テレビ報道《ほうどう》ならば、同《おな》じ事件《じけん》について伝《つた》えるからこそ、テレビ局《きょく》ごとの伝《つた》え方《かた》の違《ちが》いが分《わ》かるのである。

これは、徒競走《ときょうそう》にたとえることもできる。同《おな》じスタート地点《ちてん》から同《おな》じゴール地点《ちてん》まで同時《どうじ》に同《おな》じ方向《ほうこう》へ走《はし》る、つまり基準《きじゅん》をそろえるからこそ、そこに能力差《のうりょくさ》が見出《みいだ》せるのであり、もし違《ちが》うスタート地点《ちてん》から違《ちが》うゴール地点《ちてん》までバラバラのタイミングと方向《ほうこう》で走《はし》るとなれば、能力差《のうりょくさ》など全《まった》く見出《みいだ》せなくなるというわけだ。

このように考《かんが》えると、個性《こせい》というものは、「みんなが同《おな》じことをする」ことからこそ生《しょう》じるという逆説《ぎゃくせつ》が成《な》り立《た》つだろう。

「みんなが同《おな》じことをするのはよくない」という一般論《いっぱんろん》を主張《しゅちょう》する人《ひと》は、のきなみ、画一性《かくいつせい》を嫌《きら》い個性《こせい》を重視《じゅうし》する人《ひと》たちであるはずだ。ならば、あえて同《おな》じスタート地点《ちてん》に立《た》ち、同《おな》じゴールを同時《どうじ》に目指《めざ》すことによって、個々《ここ》の違《ちが》いすなわち個性《こせい》を見出《みいだ》せるように、配慮《はいりょ》すべきなのではないか。

★――は、カットできる部分《ぶぶん》です。三《みっ》つの――部《ぶ》に書《か》かれた具体例《ぐたいれい》の共通点《きょうつうてん》を抽出《ちゅうしゅつ》、すなわち抽象化《ちゅうしょうか》します。その際《さい》は、――部内《ぶない》に一《いっ》か所《しょ》、既《すで》に抽象化《ちゅうしょうか》されている言葉《ことば》がありますから、それを使《つか》ってみましょう。

★「しかし」の文《ぶん》に書《か》かれた結論《けつろん》には、理由《りゆう》が入《はい》っていません。通常《つうじょう》は、二文《にぶん》に分《わ》けて、「アはBである。というのも2だからだ」と書《か》いてもよいのですが、今回《こんかい》は、「という考《かんが》え」につながるように書《か》けと指示《しじ》されているので、理由《りゆう》を文《ぶん》の先頭《せんとう》に置《お》くか、中間《ちゅうかん》に置《お》くか、どちらかにしなければなりません。先頭《せんとう》に置《お》くと、「2であるため、アはBである」となります。中間《ちゅうかん》に置《お》くと、「アは、2であるため、Bである」となります。

64ページ

①（本文《ほんぶん》一部《いちぶ》省略《しょうりゃく》）

しかし実《じつ》のところは、相手《あいて》よりもむしろ「自分《じぶん》」のためにこそ、われわれは謝《あやま》っているのではないだろうか。

謝《あやま》るときに使《つか》う「ごめんなさい」は、元来《がんらい》「ご免《めん》なさい」であり、それは「自分《じぶん》をゆるしてください」という意味《いみ》である。「免《めん》」には、「自由《じゆう》にする」「ゆるす」といった意味《いみ》がある。

何《なに》かを手伝《てつだ》ってもらったときに「あ、ごめん」などと口《くち》にすることがあるが、それは、手伝《てつだ》わせるという迷惑《めいわく》をかけた自分《じぶん》をゆるしてください、責《せ》めないでください、ということだ。

「ゆるす」とは元来《がんらい》、「ゆるくする」ことである。ならば「ゆるして」とは「ゆるくして」ということであり、要《よう》は、「私《わたし》を」ラクにしてくださいということだ。ということは、やはり「自分《じぶん》」のための行《こう》為《い》なのではないか。

こうした言葉《ことば》の由来《ゆらい》をもとに考《かんが》えると、ふと思《おも》い当《あ》たることがある。

★　　は、カットできる部分《ぶぶん》です。言葉《ことば》の由来《ゆらい》について書《か》かれた具体例《ぐたいれい》は、□で大《おお》きく囲《かこ》んだ三段落分《さんだんらくぶん》の範囲《はんい》です。これらを、具体性《ぐたいせい》をある程度《ていど》維持《いじ》しながら、まとめます。「ごめんなさい」↓「ゆるす」↓「ゆるくする」↓「ラクにする」という流《なが》れで、字数《じすう》に収《おさ》めます。

65ページ

①（本文《ほんぶん》一部《いちぶ》省略《しょうりゃく》）

というのも、どんな分野《ぶんや》であれ世《よ》の中《なか》のものごとには体系的《たいけいてき》なつながりがあるのであって、ある特定《とくてい》の分野《ぶんや》に詳《くわ》しくなるプロセスにおいて必然的《ひつぜんてき》に他《た》の分野《ぶんや》の知識《ちしき》・技術《ぎじゅつ》も身《み》につくことになるからだ。

たとえば、循環器科《じゅんかんきか》の医師《いし》は、患者《かんじゃ》が訴《うった》える胸《むね》の痛《いた》みの原因《げんいん》が心臓《しんぞう》など循環器《じゅんかんき》由来《ゆらい》なのか、肺《はい》など呼吸器《こきゅうき》由来《ゆらい》なのか、胃《い》や食道《しょくどう》など消化器《しょうかき》由来《ゆらい》なのか、胸《むね》の筋肉《きんにく》由来《ゆらい》なのか、はたまた精神《せいしん》に由来《ゆらい》するのか、などといった判別《はんべつ》をしなければならない。また、歯科医《しかい》は、口《くち》の中《なか》の環境《かんきょう》が悪化《あっか》すると多《おお》くの外科領域《げかりょういき》、内科領域《ないかりょういき》に影響《えいきょう》が出《で》ることを知《し》っている必要《ひつよう》がある。

そういった状況《じょうきょう》の中《なか》で、医師《いし》は、専門分野《せんもんぶんや》とは異《こと》なる多様《たよう》な知識《ちしき》・技術《ぎじゅつ》を身《み》につけることになるわけだ。

★　　は、カットできる部分《ぶぶん》です。「状況《じょうきょう》」について書《か》かれた具体例《ぐたいれい》は、□で大《おお》きく囲《かこ》んだ範囲《はんい》です。これらを、具体性《ぐたいせい》をある程度《ていど》維持《いじ》しながら、まとめます。

★——部《ぶ》に手《て》を加《くわ》えます。

★今回《こんかい》は医療《いりょう》に関《かん》する話題《わだい》でした。

循環器《じゅんかんき》……心臓《しんぞう》、血管《けっかん》など
呼吸器《こきゅうき》……肺《はい》、気管《きかん》など
消化器《しょうかき》……食道《しょくどう》、胃《い》、腸《ちょう》、肝臓《かんぞう》など

幅広《はばひろ》い知識《ちしき》を持《も》つことは、国語学習《こくごがくしゅう》に欠《か》かせません。説明文《せつめいぶん》などをとおして出《で》あった言葉《ことば》は、その場《ば》で調《しら》べるようにしましょう。

既刊紹介② （すべて福嶋隆史著・大和出版）

『ふくしま式
「本当の国語力」が身につく問題集
［小学生版］』

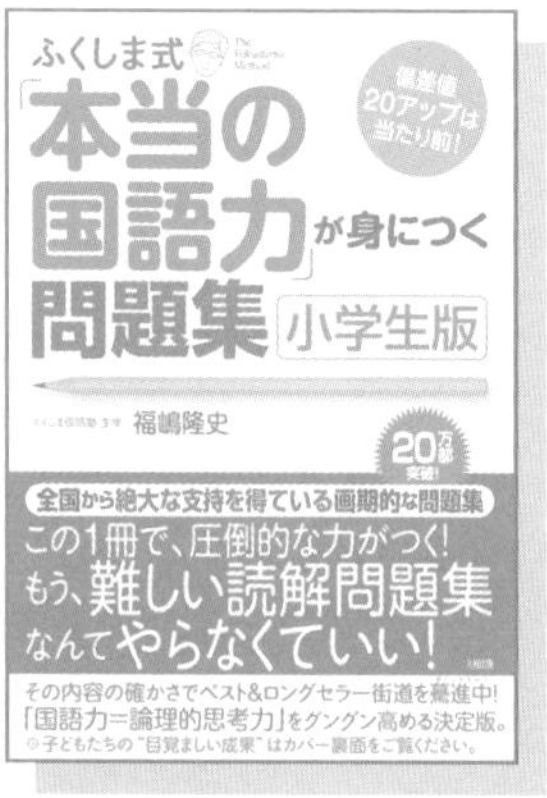

ふくしま式問題集シリーズの第1作。「国語問題集とは読解問題集である」という常識をくつがえした１冊。

『「本当の国語力」が
驚くほど伸びる本』

著者の第１作。「ふくしま式」を知るなら、まずこの本を一読すべし。多くの読者に影響を与え続けている１冊。

『ふくしま式
「本当の国語力」が身につく問題集２
［小学生版］』

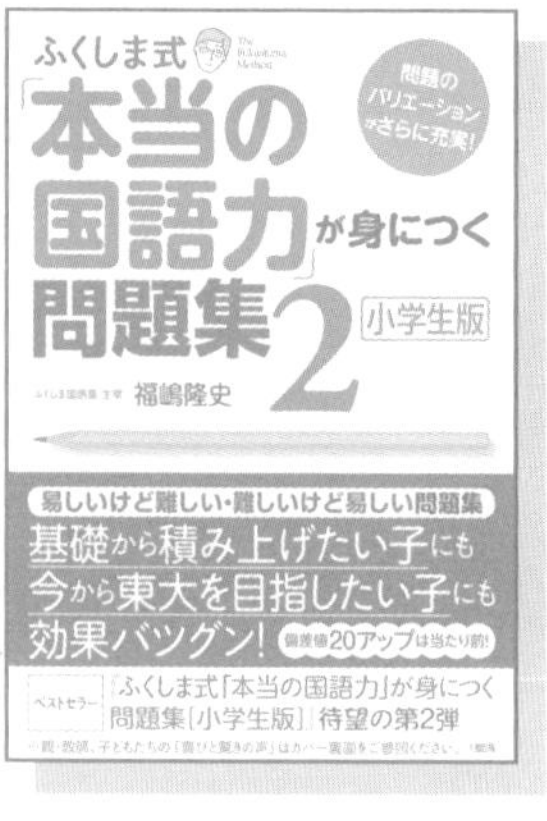

比喩の抽象化、対比的心情変化など、入試に必ず役立つ技術が満載。

『ふくしま式
「本当の国語力」が身につく問題集
［小学生版ベーシック］』

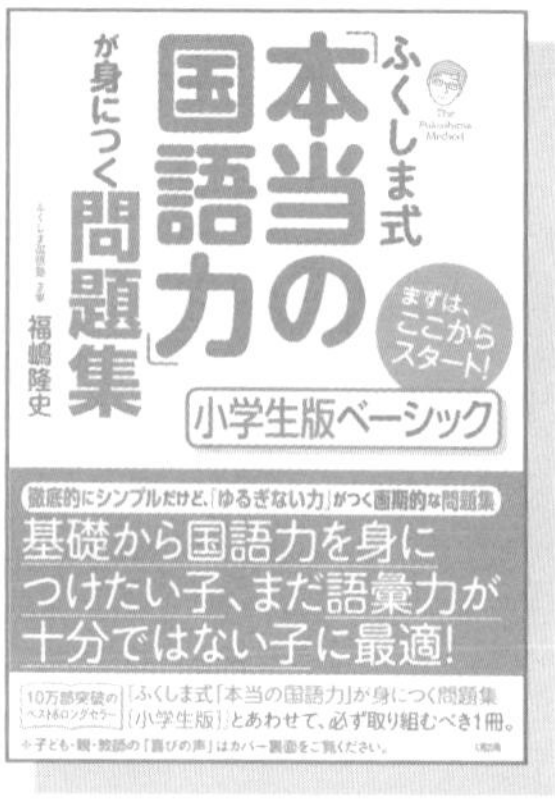

大反響の１冊。小学１～３年生向けに作られた本ですが、中高生や大人が解いても、新しい気づきと学びがたくさん得られます。

Part 3

長《なが》い文章《ぶんしょう》を要約《ようやく》する

長文《ちょうぶん》だと要約《ようやく》は難《むずか》しいかと言《い》えば、
必《かなら》ずしもそうではありません。
骨組《ほねぐ》みと肉《にく》づけを区別《くべつ》すること。
短文《たんぶん》と同《おな》じく、これが基本《きほん》です。

1 対《たい》比《ひ》を整《せい》理《り》し、主《しゅ》張《ちょう》と理《り》由《ゆう》を見《み》抜《ぬ》く①

月　日

点《てん》

解説《かいせつ》　まず主張《しゅちょう》を、次《つぎ》に理由《りゆう》をとらえる

先《さき》に、「二〇〇字《にひゃくじ》メソッド」「逆説型短作文《ぎゃくせつがたたんさくぶん》」など、文章《ぶんしょう》の基本《きほん》となる型《かた》を紹介《しょうかい》しました。その全体像《ぜんたいぞう》を見抜《みぬ》くことができればそれに越《こ》したことはありませんが、なかなか見抜《みぬ》けないこともあります。

そういうときでも、最低限《さいていげん》見抜《みぬ》かなければならないことがあります。それは、次《つぎ》の二《ふた》つです。

① まず「何《なに》と何《なに》を対比《たいひ》しているか」「主張《しゅちょう》はどちらに傾《かたむ》いているか」を見抜《みぬ》く

② 次《つぎ》に「主張《しゅちょう》の理由《りゆう》」を見抜《みぬ》く

この二《ふた》つさえ意識《いしき》していれば、文章《ぶんしょう》の「型《かた》」全体《ぜんたい》をつかめなくても、要約《ようやく》は可能《かのう》になります。この二《ふた》つを常《つね》に意識《いしき》しながら、要約《ようやく》していきましょう。

---

1 次《つぎ》の文章《ぶんしょう》を読《よ》み、あとの問《と》いに答《こた》えなさい。　計《けい》50点《てん》 ★★★

あなたは、本《ほん》を買《か》ったあと、どうしているだろうか。本当《ほんとう》に興味《きょうみ》のある本《ほん》ならば、買《か》ってすぐ読《よ》んでしまうだろうが、一応買《いちおうか》っておこう、といった程度《ていど》の興味《きょうみ》であれば、買《か》ったあとで読《よ》まずに放置《ほうち》し、いわゆる「積《つ》ん読《どく》」をしがちである。そうなると、日《ひ》がたつにつれて、「早《はや》く読《よ》まなきゃ」などと、ちょっとした罪悪感《ざいあくかん》を覚《おぼ》えることもあるだろう。

しかし、買《か》ってすぐに読《よ》むことが常《つね》に大切《たいせつ》であるとも言《い》い切《き》れない。本《ほん》というのは、いつでも読《よ》める状態《じょうたい》にしておくこと、自分《じぶん》の本棚《ほんだな》を書店《しょてん》か図書室《としょしつ》のようにして、あとで読《よ》みたくなったときに読《よ》みたい本《ほん》を手《て》に取《と》れる状態《じょうたい》にしておくことこそが、大切《たいせつ》なのではないか。

そう考《かんが》えると、積《つ》ん読《どく》というのは合理的《ごうりてき》なことであるようにも思《おも》えてくる。

解説《かいせつ》・解答《かいとう》は137ページ〜

① この文章《ぶんしょう》は、何《なに》と何《なに》を対比《たいひ》していますか。次《つぎ》の説明《せつめい》の（　）を、それぞれ別《べつ》のひらがな二字《にじ》で埋《う》めなさい。

5点《てん》×2

・この文章《ぶんしょう》は、本《ほん》を買《か》ってからA（　　読《よ》む）ことと、本《ほん》をB（　　で読《よ》む）ことを対比《たいひ》している。

② 筆者《ひっしゃ》の主張《しゅちょう》は、①のA・Bのどちらに傾《かたむ》いていますか。記号《きごう》で書《か》きなさい。

（　　）　5点《てん》

③ ②で答《こた》えた主張《しゅちょう》の理由《りゆう》を説明《せつめい》した次《つぎ》の文《ぶん》の空欄《くうらん》を埋《う》めなさい。

15点《てん》

・本《ほん》というのは、（　　　　）こそが大切《たいせつ》だから。

④ 文章全体《ぶんしょうぜんたい》（312字《じ》）を、75字以内《じいない》で要約《ようやく》しなさい。

20点《てん》

ここがポイント！

❶本文《ほんぶん》の最後《さいご》の段落《だんらく》に書《か》かれたメッセージは、結論《けつろん》として大切《たいせつ》ですから、これも入《い》れるようにします。

2 次《つぎ》の文章《ぶんしょう》を読《よ》み、あとの問《と》いに答《こた》えなさい。

計《けい》50点《てん》★★★

将来《しょうらい》の夢《ゆめ》として、「ユーチューバー」(YouTuber)を挙《あ》げる子《こ》が多《おお》いらしい。けっこうなことではないかと思《おも》う。だが、そんなの職業《しょくぎょう》じゃないでしょ、など決《き》めつける大人《おとな》も、まだまだ多《おお》いようだ。

たしかに、よほど成功《せいこう》しない限《かぎ》り、それによって稼《かせ》ぎを得《え》るのは難《むずか》しい。

そういえば、ごく最近《さいきん》では、eスポーツという新《しん》ジャンルが開拓《かいたく》され始《はじ》めている。

【eスポーツ】主《おも》に対戦型《たいせんがた》のコンピューターゲームで行《おこな》われる競技《きょうぎ》のこと。高度《こうど》な技能《ぎのう》を競《きそ》うコンピューターゲームをスポーツ競技《きょうぎ》の一種《いっしゅ》と見《み》なしたもので、アジアや欧米《おうべい》ではプロリーグが存在《そんざい》する。(デジタル大辞泉《だいじせん》)

「eスポーツ選手《せんしゅ》」については、ユーチューバー以《い》上《じょう》に「そんなの職業《しょくぎょう》ではない」と考《かんが》える大人《おとな》が多《おお》いはずだ。こちらも、稼《かせ》ぎを得《え》るのは今《いま》のところ容易《ようい》ではない。

なぜ、こうした仕事《しごと》について「職業《しょくぎょう》ではない」という声《こえ》が上《あ》がるのだろう。

どれだけ稼《かせ》げるかだけでなく、どれだけ社会《しゃかい》に貢《こう》献《けん》しているかという見方《みかた》があるのかもしれない。果《は》たして、その点《てん》ではどうなのだろうか。

ユーチューバーの社会《しゃかい》への貢献度《こうけんど》は、かなりのものだろう。一見役《いっけんやく》に立《た》っていないように思《おも》える動画《どうが》も多《おお》いが、それでも視聴者《しちょうしゃ》は多数《たすう》いる。ユーチューバーはいわば個性《こせい》のかたまりだ。その個性《こせい》に触《ふ》れることで、視聴者《しちょうしゃ》は、自身《じしん》の個性《こせい》にも存在価値《そんざいかち》があるはずだということを、半《なか》ば無意識《むいしき》に、たしかめているのかもしれない。

そういう意味《いみ》では、テレビをにぎわす芸人《げいにん》、役者《やくしゃ》、歌手《かしゅ》らとユーチューバーは、共通性《きょうつうせい》がある。彼《かれ》らはみな、自《みずか》らの個性《こせい》に共感《きょうかん》してくれる視聴者《しちょうしゃ》・ファンに支《ささ》えられ、また逆《ぎゃく》に彼《かれ》らを間接的《かんせつてき》に支《ささ》えながら、対価《たいか》を得《え》ている。

一方《いっぽう》、eスポーツ選手《せんしゅ》には、スポーツ選手《せんしゅ》との共《きょう》通点《つうてん》がある。常人《じょうじん》には到達《とうたつ》し得《え》ないレベルの技術《ぎじゅつ》を披露《ひろう》することで、競技《きょうぎ》を観戦《かんせん》する人々《ひとびと》に感動《かんどう》と、勇《ゆう》気《き》と、生《い》きる意欲《いよく》を与《あた》えてくれる。ハイレベルなスポーツ競技《きょうぎ》を見《み》たとき、誰《だれ》もがつぶやくひとことがある。「自分《じぶん》もがんばろう」。これは、立派《りっぱ》な社会貢献《しゃかいこうけん》である。

　にもかかわらず、なぜ職業《しょくぎょう》ととらえるのが難《むずか》しいのか。その原因《げんいん》は、無形性《むけいせい》（デジタル性《せい》と言《い》ってもよい）にあるのだろうと思《おも》う。実体《じったい》を持《も》たない空間《くうかん》であるインターネットを媒体《ばいたい》にして、動画《どうが》を提供《ていきょう》する。実体《じったい》を持《も》たない空間《くうかん》であるコンピューターの画面上《がめんじょう》で、バーチャルに競技《きょうぎ》をする。

　その無形性《むけいせい》から、ある種《しゅ》の「うさんくささ」を感《かん》じ、拒否感《きょひかん》を抱《いだ》く人《ひと》がいるのだろう。しかし、そうなると、「心理《しんり》カウンセラー」などといった職業《しょくぎょう》は、もっとうさんくさい職業《しょくぎょう》になってしまう。なにしろ、心《こころ》は目《め》に見《み》えない。また、人間《にんげん》の知性《ちせい》や感性《かんせい》という無形《むけい》の対象《たいしょう》に働《はたら》きかける職業《しょくぎょう》の筆頭《ひっとう》に挙《あ》げられるのは「教師《きょうし》」であろうが、実体《じったい》のない無形性《むけいせい》がうさんくさいのなら、教師《きょうし》もかなりうさんくささを持《も》っていると言《い》えるだろう。しかしそれらの職業《しょくぎょう》は、職業《しょくぎょう》として広《ひろ》く認知《にんち》されている。

　こう考《かんが》えると、実《じつ》は、「職業《しょくぎょう》」の枠組《わくぐ》みなどそもそも流動的《りゅうどうてき》なものだということが分《わ》かる。

　実体《じったい》のある労働《ろうどう》だけを職業《しょくぎょう》と考《かんが》えるような時代《じだい》は、とうに過《す》ぎている。それは昭和《しょうわ》の発想《はっそう》だ。ユーチューバーにせよｅスポーツ選手《せんしゅ》にせよ、存在意義《そんざいいぎ》は大《おお》きい。職業《しょくぎょう》であることを、積極的《せっきょくてき》にみとめようではないか。

① この文章《ぶんしょう》は、何《なに》と何《なに》を対比《たいひ》していますか。次《つぎ》の説明《せつめい》の（　）を、漢字二字《かんじにじ》で埋《う》めなさい（どちらも同《おな》じ言葉《ことば》が入《はい》ります）。 5点《てん》（完答《かんとう》）

・この文章《ぶんしょう》は、ユーチューバーやｅスポーツ選手《せんしゅ》が A（　　と言《い》える）か、B（　　と言《い》えない）かを対比《たいひ》している。

② 筆者《ひっしゃ》の主張《しゅちょう》は、①のA・Bのどちらに傾《かたむ》いていますか。記号《きごう》で書《か》きなさい。 5点《てん》（　）

③ ②で答《こた》えた主張《しゅちょう》の理由《りゆう》を整理《せいり》した次《つぎ》の文《ぶん》の空欄《くうらん》を埋《う》めなさい。

空欄《くうらん》1つが2点《てん》（1は12点《てん》、2は8点《てん》）

1

（　　への　　）に疑問《ぎもん》があるのかもしれないが――

・ユーチューバーは、その（　　）によって、視聴者《しちょうしゃ》・ファンを魅了《みりょう》している。

・eスポーツ選手《せんしゅ》は、視聴者《しちょうしゃ》に（　　）と（　　）と（　　）を与《あた》えている。

2

媒体《ばいたい》や対象《たいしょう》の（　　性《せい》）への拒否感《きょひかん》があるのかもしれないが――

・それを否定《ひてい》するのなら、心理《しんり》カウンセラーや教師《きょうし》なども（　　性《せい》）があり、否《ひ》定《てい》することになってしまう。

・職業《しょくぎょう》の枠組《わくぐ》みというのは、そもそも（　　）だ。

・（　　）のない労働《ろうどう》も職業《しょくぎょう》である。

④ ①〜③をふまえ、文章全体《ぶんしょうぜんたい》（1304字《じ》）を、320字《じ》以内《いない》で要約《ようやく》しなさい（句読点《くとうてん》も字数《じすう》に含《ふく》む）。

要約文《ようやくぶん》の始《はじ》めと終《お》わりは、次《つぎ》のとおりにすること。

始《はじ》め……ユーチューバーやeスポーツ選手《せんしゅ》は職業《しょくぎょう》ではないという声《こえ》がある。

終《お》わり……このように考《かんが》えると、ユーチューバーやeスポーツ選手《せんしゅ》も職業《しょくぎょう》であると認《みと》められるだろう。

20点《てん》

2 対比《たいひ》を整理《せいり》し、主張《しゅちょう》と理由《りゆう》を見抜《みぬ》く②

月　日

点《てん》

1 次《つぎ》の文章《ぶんしょう》を読《よ》み、あとの問《と》いに答《こた》えなさい。

100点《てん》★★★★

デジタル教材《きょうざい》が学校現場《がっこうげんば》に導入《どうにゅう》され、授業《じゅぎょう》で活用《かつよう》され始《はじ》めている。いわゆるマルチメディアを使《つか》った授業《じゅぎょう》だ。そこでは、文字《もじ》・イラスト・写真《しゃしん》・音声《おんせい》・動画《どうが》などによる多様《たよう》な表現《ひょうげん》が可能《かのう》である。また、インターネットを活用《かつよう》した双方向《そうほうこう》・多方向《たほうこう》のコミュニケーションの可能性《かのうせい》も広《ひろ》がっている。こういった教《きょう》材《ざい》は、理解力《りかいりょく》を高《たか》め、かつ発信力《はっしんりょく》を身《み》につけるために大《おお》いに役立《やくだ》つものと期待《きたい》されている。

ところが、こういったデジタル化《か》の流《なが》れに異議《いぎ》を唱《とな》える人《ひと》たちもいる。彼《かれ》らは言《い》う。デジタル教材《きょうざい》は人《ひと》と人《ひと》とのつながりを疎遠《そえん》にする、と。

彼《かれ》らは、電子《でんし》メールなどのツールも嫌《きら》う傾向《けいこう》にある。「メールは人間関係《にんげんかんけい》を疎遠《そえん》にする。自筆《じひつ》の手紙《てがみ》こそ、人《ひと》と人《ひと》をつなぐ。」――彼《かれ》らは、そう主張《しゅちょう》する。

学校《がっこう》の教室《きょうしつ》にテレビが初《はじ》めて設置《せっち》されたときも、きっと同様《どうよう》だったのだろう。「教室《きょうしつ》にテレビを置《お》くなんて、とんでもない！　画面《がめん》のなかの人間《にんげん》との関《かか》わりしか持《も》てなくなり、人間《にんげん》どうしの関《かか》わりを失《うしな》う。」などといった意見《いけん》が飛《と》んだはずだ。

しかし、どうだろう。今《いま》や、メールを利用《りよう》しない人《ひと》はほとんどおらず、テレビが置《お》かれていない教室《きょうしつ》など、一切《いっさい》ないに等《ひと》しい。

デジタルを嫌《きら》う人々《ひとびと》は、どうやらそこに冷《つめ》たさを感《かん》じるらしい。

たしかに、アナログが「連続性《れんぞくせい》」を持《も》つのに対《たい》し、デジタルは「断続性《だんぞくせい》」を持《も》つ。アナログは「つながって」おり、デジタルは「切《き》れて」いる。そこに冷《つめ》たいイメージを抱《いだ》くのも無理《むり》はない。

アナログ時計《どけい》には一秒《いちびょう》と二秒《にびょう》の中間《ちゅうかん》が存在《そんざい》するが、デジタル時計《どけい》には存在《そんざい》しない。一秒《いちびょう》が瞬間的《しゅんかんてき》に二秒《にびょう》に変《か》わる。飛《と》び越《こ》えている。切《き》れている。

手紙《てがみ》にも、中間《ちゅうかん》がある。送《おく》り手《て》から受《う》け手《て》へと届《とど》けられていく間《あいだ》に、人《ひと》がいる。また、送《おく》り手《て》の書《か》いた生《なま》の筆跡《ひっせき》が直接《ちょくせつ》受《う》け手《て》に届《とど》く。たしかに、つながっている。一方《いっぽう》、電子《でんし》メールは、間《あいだ》に人《ひと》がいない。届《とど》くのも、間接的《かんせつてき》で機械的《きかいてき》な文字《もじ》だけだ。たしかに、切《き》れている。

しかし、考《かんが》えてみてほしい。

手紙《てがみ》が一度《いちど》につなげられる人数《にんずう》は、限《かぎ》られている。しかも、つながるために要《よう》する時間《じかん》は多大《ただい》だ。それに対《たい》して、メールは、一度《いちど》につながることのできる人数《にんずう》が事実上《じじつじょう》無限《むげん》に近《ちか》い。また、瞬間的《しゅんかんてき》につながることができるから、その分《ぶん》だけ多《おお》くのコミュニケーションを交《か》わすことができる。

テレビも、たしかにデジタルな存在《そんざい》ではあるが、人々《ひとびと》のつながりを断《た》ち切《き》るどころか、むしろ人々《ひとびと》をつなぐ役目《やくめ》を果《は》たしていると言《い》える。文字《もじ》・音声《おんせい》・動画《どうが》などを同時《どうじ》に扱《あつか》えるテレビが存在《そんざい》するからこそ、臨場感《りんじょうかん》ある「現場《げんば》」の空気《くうき》が見《み》る者《もの》に伝《つた》わり、現場《げんば》と茶《ちゃ》の間《ま》がつながった。テレビがなければ、テレビカメラの前《まえ》にいる人々《ひとびと》と、茶《ちゃ》の間《ま》の人々《ひとびと》とがつながることはあり得《え》なかった。

紙《かみ》とペンだけで、テレビに伝《つた》えうる臨場感《りんじょうかん》を伝《つた》えることはできない。遠《とお》い他国《たこく》の人々《ひとびと》の生《い》き様《ざま》をリアルに知《し》ることができるようになったのは、テレビのおかげである。「日本人《にほんじん》は着物《きもの》を着《き》て刀《かたな》を下《さ》げている」と思《おも》う外国人《がいこくじん》が減《へ》ったのも、テレビのおかげだ。

そのようなつながりを、バーチャルで疑似的《ぎじてき》なものだとして切《き》り捨《す》てる人《ひと》たちは、「他国《たこく》の人々《ひとびと》の生《せい》活《かつ》を知《し》るためには実際《じっさい》に他国《たこく》へ行《い》くしかない」と言《い》うのだろうか。無理《むり》な話《はなし》だ。人間《にんげん》どうしに限《かぎ》った話《はなし》ではない。他《た》の生物《せいぶつ》とのつながりについても同様《どうよう》だ。海《うみ》の中《なか》の生物《せいぶつ》の暮《く》らしを知《し》るために海《うみ》へもぐれというのは、無理《むり》な話《はなし》だ。

無理《むり》だから、我々《われわれ》は写真《しゃしん》を撮《と》る。音声《おんせい》を録《と》る。映《えい》像《ぞう》を撮《と》る。そして、それを通《とお》して疑似体験《ぎじたいけん》をしようとする。たしかに、実際《じっさい》の体験《たいけん》をできるならそれに越《こ》したことはないが、それができない環境《かんきょう》において、疑似体験《ぎじたいけん》は、体験《たいけん》に準《じゅん》ずる価値《かち》を持《も》つのである。

文字《もじ》や紙《かみ》だけでは、疑似体験《ぎじたいけん》すらできない。

「ならば想像力《そうぞうりょく》を働《はたら》かせればいいではないか」と言《い》うかもしれない。しかし、想像《そうぞう》するためには、結局《けっきょく》のところそのきっかけとなる実体験《じったいけん》が必要《ひつよう》である。その実体験《じったいけん》が無理《むり》ならば、疑似体験《ぎじたいけん》をすればいいだろう。

　宇宙《うちゅう》に行《い》くことはできないが、宇宙《うちゅう》の映像《えいぞう》を見《み》て宇宙《うちゅう》を疑似体験《ぎじたいけん》し、それをもとに想像《そうぞう》することはできる。もしも宇宙《うちゅう》の映像《えいぞう》すらなかったならば、その想像《そうぞう》はいかにもリアリティのない、めちゃくちゃな幻想《げんそう》に終始《しゅうし》するだろう。それでいいのだろうか。

　マルチメディアは、五感《ごかん》に迫《せま》ってくる。疑似的《ぎじてき》とは言《い》え、それは生々《なまなま》しい感覚《かんかく》をもたらす。「冷《つめ》たい」というよりむしろ、「温《あたた》かい」存在《そんざい》であると言《い》えるだろう。

　デジタルは冷《つめ》たい、アナログは温《あたた》かい。そろそろ、そういった固定観念《こていかんねん》を捨《す》てるべきではなかろうか。

『ふくしま式《しき》「国語《こくご》の読解問題《どっかいもんだい》」に強《つよ》くなる問題集《もんだいしゅう》［小学生版《しょうがくせいばん》］』より

---

① この文章《ぶんしょう》は、アナログの価値《かち》とデジタルの価値《かち》を対比《たいひ》しています。筆者《ひっしゃ》の主張《しゅちょう》は、そのどちらに傾《かたむ》いていますか。　10点《てん》

（　　　　　）

② アナログとデジタルの違《ちが》いを対比的《たいひてき》に整理《せいり》した次《つぎ》の表《ひょう》の空欄《くうらん》を埋《う》めなさい。文中《ぶんちゅう》にない言葉《ことば》を用《もち》いてもかまいません。　空欄《くうらん》1つが5点《てん》

アナログ	デジタル
・連続性《れんぞくせい》を持《も》つ	・（　　　）を持《も》つ
・（　　　）	・切《き》れている
・つながれる人数《にんずう》が（　　　）	・つながれる人数《にんずう》が（　　　）
・（　　　）がかかる	・（　　　）がかからない
・（　　　）的《てき》な広《ひろ》がりが弱《よわ》い	・（　　　）的《てき》な広《ひろ》がりが強《つよ》い
・体験《たいけん》の幅《はば》は狭《せま》い	・疑似体験《ぎじたいけん》によって体験《たいけん》の幅《はば》が広《ひろ》がる　主張《しゅちょう》の理由《りゆう》

③ ①・②をふまえ、文章全体《ぶんしょうぜんたい》（1816字《じ》）を、180字以内《じいない》で要約《ようやく》しなさい（句読点《くとうてん》も字数《じすう》に含《ふく》む）。

要約文《ようやくぶん》の始《はじ》めと終《お》わりは、次《つぎ》のとおりにすること。

始《はじ》め……デジタル化《か》の流《なが》れに異議《いぎ》を唱《とな》える人《ひと》たちがいる。

終《お》わり……疑似体験《ぎじたいけん》の幅《はば》が広《ひろ》がることも考《かんが》えれば、デジタルの価値《かち》をとらえなおすべきであると言《い》える。

また、2文目《ぶんめ》の頭《あたま》は「たしかに」、3文目《ぶんめ》の頭《あたま》は「しかし」とすること。

50点《てん》

ここがポイント！

❶「たしかにA、しかしB」の形《かたち》（譲歩《じょうほ》の形《かたち》）を覚《おぼ》えましょう。

3 主張《しゅちょう》の具体例《ぐたいれい》を要約《ようやく》する

月　日

点《てん》

1 次《つぎ》の文章《ぶんしょう》を読《よ》み、あとの問《と》いに答《こた》えなさい。

※難《むずか》しく感《かん》じる場合《ばあい》は86ページを参考《さんこう》にしましょう。

50点《てん》 ★★★

数値《すうち》は、多《おお》くの場面《ばめん》で私《わたし》たちの生活《せいかつ》を支《ささ》え、豊《ゆた》かにしてくれている。

たとえば、万人《ばんにん》に共通《きょうつう》するものさしである「時間《じかん》」。人《ひと》との待《ま》ち合《あ》わせ、電車《でんしゃ》の安定《あんてい》した運行《うんこう》、スポーツでの公平《こうへい》な試合時間《しあいじかん》等《とう》、この客観的《きゃっかんてき》なものさしがあるからこそ成《な》り立《た》つ場面《ばめん》は無数《むすう》にある。

また、「お金《かね》」は、価値《かち》をはかるための共通《きょうつう》のものさしである。教育《きょういく》や医療《いりょう》など、物《もの》ではないサービスの価値《かち》を客観的《きゃっかんてき》かつ公平《こうへい》に示《しめ》せるのも、このものさしのおかげである。

ほかに、「点数《てんすう》」というものさしもある。これがあるからこそ、受験《じゅけん》の合否《ごうひ》も不公平《ふこうへい》なく判断《はんだん》される。

しかし一方《いっぽう》で、「時間《じかん》がない、お金《かね》がない、点《てん》が取《と》れない」と苦《くる》しんでいる人々《ひとびと》はとても多《おお》い。数値《すうち》で表《あらわ》されるものさしを持《も》ったがために、私《わたし》たちは、それが少《すく》ないことによる苦《くる》しみを、よりはっきりと自覚《じかく》してしまうようになった。

このように、ものさしとして利用《りよう》される「数値《すうち》」は、私《わたし》たちを支《ささ》える一方《いっぽう》で、苦《くる》しめるきっかけにもなっているのである。

① この文章《ぶんしょう》は、「数値《すうち》の功罪《こうざい》」について主張《しゅちょう》しています。その具体例《ぐたいれい》として、どのような内容《ないよう》が書《か》かれていますか。１３０字《じ》以内《いない》で要約《ようやく》しなさい。

2 次《つぎ》の文章《ぶんしょう》を読《よ》み、あとの問《と》いに答《こた》えなさい。

※難《むずか》しく感《かん》じる場合《ばあい》は87ページを参考《さんこう》にしましょう。

50点《てん》 ★★★

校長先生《こうちょうせんせい》が、全校生徒《ぜんこうせいと》を前《まえ》にして話《はなし》をすることがありますね。月曜《げつよう》の朝会《ちょうかい》などの場面《ばめん》です。

校長先生《こうちょうせんせい》のお話《はなし》は、季節《きせつ》にちなんだ話題《わだい》、行事《ぎょうじ》の話題《わだい》など様々《さまざま》ですが、コンクールで賞《しょう》を取《と》り表彰《ひょうしょう》された作品《さくひん》にコメントするようなこともあります。

「先《さき》ほど表彰《ひょうしょう》された五年生《ごねんせい》の○○さんの描《か》いた絵《え》を、先生《せんせい》も見《み》てみたんです。とても個性的《こせいてき》な絵《え》でした。単《たん》に上手《じょうず》な絵《え》というのではなく、○○さんらしい絵《え》だったんですね。図工室《ずこうしつ》の前《まえ》に掲示《けいじ》するようですから、ぜひ、休《やす》み時間《じかん》に見《み》に行《い》ってみてください」

これを受動的《じゅどうてき》に聞《き》いている子《こ》は、「へえ、○○さんってそんなに絵《え》の才能《さいのう》があるんだ」といった程度《ていど》のことしか頭《あたま》に浮《う》かびません。

一方《いっぽう》、能動的《のうどうてき》に聞《き》いている子《こ》は、どうでしょう。

「個性的《こせいてき》な絵《え》がほめられてるけど、じゃあどんな絵《え》はほめられないんだろう？」

「単《たん》に上手《じょうず》な絵《え》ではなく○○さんらしい絵《え》って、どういう意味《いみ》だろう？　○○さんの絵《え》は下手《へた》だってことかな？　いや、そうじゃないよな」

こんなふうに、話《はなし》の中《なか》に直接《ちょくせつ》は含《ふく》まれていないことを考《かんが》える。これが、能動的《のうどうてき》に聞《き》くということです。

それは、疑問《ぎもん》を持《も》ちながら聞《き》くことであるとも言《い》えます。

でも、疑問《ぎもん》を持《も》てばそれでよいかというと、そうではありません。そこから先《さき》へ進《すす》み、疑問《ぎもん》の答《こた》えを見《み》つけるには、立《た》ち止《ど》まって考《かんが》えてみることが必要《ひつよう》です。

個性《こせい》とは、個々《ここ》の違《ちが》いを意味《いみ》します。

そこで、次《つぎ》のように対比関係《たいひかんけい》を整理《せいり》してみます。

個性的《こせいてき》な絵《え》………他《た》の絵《え》との違《ちが》いがある絵《え》
個性的《こせいてき》でない絵《え》……他《た》の絵《え》と似《に》ている絵《え》

また、「個《こ》」という文字《もじ》をヒントに反対語《はんたいご》を思《おも》い浮《う》かべると、こんなふうにも整理《せいり》できます。

個性的《こせいてき》な絵《え》…………個人《こじん》の特徴《とくちょう》が出《で》ている絵《え》
個性的《こせいてき》でない絵《え》……集団《しゅうだん》に埋《う》もれてしまうような絵《え》

ここまでで、先《さき》に挙《あ》げた二《ふた》つの疑問《ぎもん》のうち前半《ぜんはん》はおおむね解決《かいけつ》しました（実際《じっさい》に図工室前《ずこうしつまえ》の絵《え》を見《み》れば、より具体的《ぐたいてき》に理解《りかい》できることでしょう）。さて、次《つぎ》に後半《こうはん》です。

「単《たん》に上手《じょうず》な絵《え》ではなく○○さんらしい（＝個性的《こせいてき》な）絵《え》」とは、どういうことなのか。

一般《いっぱん》に、上手《じょうず》・下手《へた》というのは技術《ぎじゅつ》の高低《こうてい》を基準《きじゅん》にしています。技術《ぎじゅつ》とは、原則《げんそく》として「誰《だれ》にでもまねできる」ものです。一方《いっぽう》で、まねできないものは「芸術的《げいじゅつてき》である」と表現《ひょうげん》できます。

そして、個性的《こせいてき》な絵《え》、つまり他《た》の絵《え》との違《ちが》いがある絵《え》というのは「まねできない」絵《え》のことであり、言《い》いかえれば芸術的《げいじゅつてき》な絵《え》であるというわけです。

そこに気《き》づけば、後半《こうはん》の疑問《ぎもん》には次《つぎ》のように答《こた》えることができます。

「単《たん》に上手《じょうず》な絵《え》ではなく○○さんらしい（＝個性的《こせいてき》な）絵《え》」とは、「まねできる技術《ぎじゅつ》の高《たか》さだけでなく、まねできない芸術性《げいじゅつせい》を備《そな》えた絵《え》」のことである。

と、ここまでを、耳《みみ》で聞《き》いただけですぐに頭《あたま》の中《なか》で整理《せいり》するには、多《おお》くのトレーニングが必要《ひつよう》であります。しかし、トレーニングを積《つ》めば決《けっ》して不可《ふか》能《のう》なことではありません。これが、能動的《のうどうてき》に聞《き》くということの一《ひと》つのゴールなのです。

『ふくしま式《しき》「本当《ほんとう》の聞《き》く力《ちから》」が身《み》につく問題集《もんだいしゅう》［小学生版《しょうがくせいばん》］』より

① この文章《ぶんしょう》は、「能動的《のうどうてき》に聞《き》くこと」が大切《たいせつ》であるということを主張《しゅちょう》しています。その具体例《ぐたいれい》として、どのような内容《ないよう》が書《か》かれていますか。２５０字《じ》以内《いない》で要約《ようやく》しなさい。

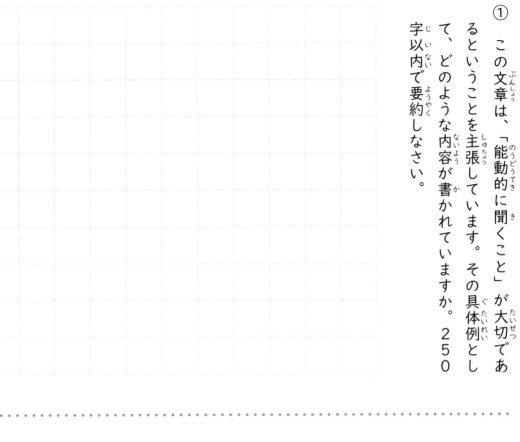

★ヒントページ（82〜85ページの問題《もんだい》のヒント）

★ ノーヒントで解《と》きたい場合《ばあい》は、読《よ》まずに進《すす》めましょう。あとで答《こた》え合《あ》わせする際《さい》に、参考《さんこう》にしてください。

★ このヒントページで扱《あつか》っている82ページ・83ページの両問題《りょうもんだい》は、64ページで練習《れんしゅう》した考《かんが》え方《かた》の応用問題《おうようもんだい》になっています。すなわち、「具体例《ぐたいれい》の表現《ひょうげん》を削《けず》りつつもその具体性《ぐたいせい》は維持《いじ》し、同時《どうじ》に抽象化《ちゅうしょうか》するという作業《さぎょう》」です。64ページを、おさらいしておきましょう。

82ページ

数値《すうち》は、多《おお》くの場面《ばめん》で私《わたし》たちの生活《せいかつ》を支《ささ》え、豊《ゆた》かにしてくれている。

たとえば、万人《ばんにん》に共通《きょうつう》するものさしである「時間《じかん》」。人《ひと》との待《ま》ち合《あ》わせ、電車《でんしゃ》の安定《あんてい》した運行《うんこう》、スポーツでの公平《こうへい》な試合時間等《しあいじかんとう》、この客観的《きゃっかんてき》なものさしがあるからこそ成《な》り立《た》つ場面《ばめん》は無数《むすう》にある。

また、「お金《かね》」は、価値《かち》をはかるための共通《きょうつう》のものさしである。教育《きょういく》や医療《いりょう》など、物《もの》ではないサービスの価値《かち》を客観的《きゃっかんてき》かつ公平《こうへい》に示《しめ》せるのも、このものさしのおかげである。

ほかに、「点数《てんすう》」というものさしもある。これがあるからこそ、受験《じゅけん》の合否《ごうひ》も不公平《ふこうへい》なく判断《はんだん》される。

しかし一方《いっぽう》で、「時間《じかん》がない、お金《かね》がない、点《てん》が取《と》れない」と苦《くる》しんでいる人々《ひとびと》はとても多《おお》い。数値《すうち》で表《あらわ》されるものさしを持《も》ったがために、私《わたし》たちは、それが少《すく》ないことによる苦《くる》しみを、よりはっきりと自覚《じかく》してしまうようになった。

このように、ものさしとして利用《りよう》される「数値《すうち》」は、私《わたし》たちを支《ささ》える一方《いっぽう》で、苦《くる》しめるきっかけにもなっているのである。

★ 数値《すうち》の「功罪《こうざい》」を書《か》くよう指示《しじ》されていますから、プラスとマイナス、両面《りょうめん》を書《か》く必要《ひつよう》があります。「しかし一方《いっぽう》で」の前《まえ》がプラス、後《あと》がマイナスになっています。

★「ものさし」は、やや比喩的《ひゆてき》なので、「基準《きじゅん》」などに言《い》いかえる必要《ひつよう》があります。

★具体例《ぐたいれい》について述《の》べた文《ぶん》の中《なか》で、抽象的《ちゅうしょうてき》な言葉《ことば》が繰《く》り返《かえ》されている場合《ばあい》があります。今回《こんかい》は、「客観的《きゃっかんてき》」「公《こう》平《へい》」などです。こうした言葉《ことば》は、抽象化《ちゅうしょうか》の際《さい》に使《つか》えることが多《おお》いので、意識《いしき》しておきましょう。

★83ページ

要約文《ようやくぶん》（解答例《かいとうれい》）を四《よっ》つの部分《ぶぶん》に分《わ》け、空欄《くうらん》を作《つく》りました。埋《う》めながら、要約《ようやく》していきましょう。

・校長先生《こうちょうせんせい》の話《はなし》を聞《き》き、「　」と「　」の違《ちが》いについて疑問《ぎもん》を持《も》ち、立《た》ち止《ど》まって、その対比関係《たいひかんけい》を整理《せいり》してみる。

・それは、「　」や、「　」といった観点《かんてん》で整理《せいり》できる。

・また、「　」とはどういうことかについても対比的《たいひてき》に考《かんが》えると、「　」であることに気《き》づく。

・こうしたことを、耳《みみ》で聞《き》いただけで整理《せいり》できるようにすることが大切《たいせつ》であるということ。

4 長文《ちょうぶん》を要約《ようやく》する（逆説的文章《ぎゃくせつてきぶんしょう》）①

月　日

点《てん》

1 次《つぎ》の文章《ぶんしょう》を読《よ》み、あとの問《と》いに答《こた》えなさい。

※難《むずか》しく感《かん》じる場合《ばあい》は92ページを参考《さんこう》にしましょう。

50点《てん》 ★★★★

日本人《にほんじん》というのは、とにかく気《き》を遣《つか》います。気遣《きづか》いはもちろんよいことですが、ちょっと気《き》になる場面《ばめん》があります。

それは、観光地《かんこうち》などでよく遭遇《そうぐう》する、写真撮影《しゃしんさつえい》の場面《ばめん》です。

数《すう》メートル離《はな》れた場所《ばしょ》から、お父《とう》さんが自分《じぶん》の家《か》族《ぞく》を撮影《さつえい》しようとしています。家族《かぞく》は立《た》ち位置《いち》を決《き》めたりポーズを考《かんが》えたりしていて、なかなか撮影《さつえい》が始《はじ》まりません。一方《いっぽう》、撮影者《さつえいしゃ》であるお父《とう》さんと、被《ひ》写体《しゃたい》である家族《かぞく》との間《あいだ》を通行《つうこう》したい一般《いっぱん》の人々《ひとびと》は、撮影《さつえい》が終《お》わるまで気《き》を遣《つか》って待《ま》っています。迂回《うかい》しようのない一本道《いっぽんみち》の通路《つうろ》を横《よこ》にふさぐようにして撮《さつ》影《えい》しているようなケースもよく見《み》かけます。それは正直《しょうじき》なところ、撮影者《さつえいしゃ》のほうに問題《もんだい》があるのであって、待《ま》ってあげる必要《ひつよう》もないくらいなのですが、それでもたいていの日本人《にほんじん》は、気《き》を遣《つか》って待《ま》っています。

すると今度《こんど》は、お父《とう》さんがイライラし始《はじ》めました。

「ほら！　誰《だれ》がどこに立《た》つかなんてどうでもいいから、早《はや》く撮《と》るぞ！」

どうやら、今度《こんど》はお父《とう》さんのほうが、通行人《つうこうにん》を待《ま》たせてしまっていることに気《き》を遣《つか》い始《はじ》めたようです。お父《とう》さんは通行人《つうこうにん》に対《たい》して申《もう》し訳《わけ》なさそうに、「どうぞ、どうぞ」と声《こえ》をかけています。まだ撮《と》らないので通行《つうこう》していいですよ、ということのようです。

こんな気遣《きづか》いの連鎖《れんさ》は、疲《つか》れてしまうと思《おも》いませんか？

カメラを構《かま》えた人《ひと》が道《みち》をふさいでいるからといって、いちいち気《き》を遣《つか》って待《ま》ってあげるのではなく、さっさと通《とお》ってしまえばよいのです。シャッターというのは一瞬《いっしゅん》です。通行《つうこう》したからといって写《うつ》り込《こ》む

解説《かいせつ》・解答《かいとう》は148ページ～

とも限《かぎ》りません。もし写《うつ》り込《こ》んでも、撮《と》り直《なお》せばいいだけのことです。道《みち》をふさいでいるほうが悪《わる》いのですから。にもかかわらず待《ま》ってあげていることによって、お父《とう》さんをイライラさせてしまうのだとしたら、「待《ま》ってあげる」という気遣《きづか》いは、本当《ほんとう》に相《あい》手《て》のためになっているのでしょうか？　むしろ逆効《ぎゃくこう》果《か》なのではないでしょうか。

こうしたことは、写真撮影《しゃしんさつえい》の場面《ばめん》に限《かぎ》ったことではありません。日本人《にほんじん》は、本当《ほんとう》の気遣《きづか》いとはどういうものなのかについて、一度落《いちどお》ち着《つ》いて考《かんが》えてみるほうがよさそうです。

『ふくしま式《しき》「本当《ほんとう》の聞《き》く力《ちから》」が身《み》につく問題集《もんだいしゅう》［小学生版《しょうがくせいばん》］』より

① 文章全体《ぶんしょうぜんたい》（846字《じ》）を、90字以内《じいない》の2文《ぶん》で要《よう》約《やく》しなさい（句読点《くとうてん》も字数《じすう》に含《ふく》む）。2文目《ぶんめ》の出《で》だしは「むしろ」とすること。

2 次《つぎ》の文章《ぶんしょう》を読《よ》み、あとの問《と》いに答《こた》えなさい。

※難《むずか》しく感《かん》じる場合《ばあい》は93ページを参考《さんこう》にしましょう。

50点《てん》 ★★★★

「教育《きょういく》」とは何《なん》なのか。

よく、「教育《きょういく》とは引《ひ》き出《だ》すことである」と言《い》われる。

しかし、私《わたし》なりに定義《ていぎ》すれば、教育《きょういく》とは「引《ひ》き出《だ》す」ことではない。

「引《ひ》き出《だ》す方法《ほうほう》を与《あた》える」ことだ。

子《こ》ども自身《じしん》が、子《こ》ども自身《じしん》の内側《うちがわ》から様々《さまざま》な知《ち》と心《こころ》とを引《ひ》き出《だ》すことができるよう、「引《ひ》き出《だ》すための技術《ぎじゅつ》・方法《ほうほう》・型《かた》」を、与《あた》えること。

それが、教育《きょういく》なのである。

念《ねん》のために書《か》いておくが、私《わたし》はいわゆる「詰《つ》め込《こ》み」推進派《すいしんは》ではない。些末《さまつ》な知識《ちしき》をどんどん詰《つ》め込《こ》め、と言《い》っているのではない。「詰《つ》め込《こ》み」という言葉《ことば》は世間《せけん》で一人歩《ひとりある》きしている感《かん》がある。意味不明《いみふめい》のレトリックだ。言葉遊《ことばあそ》びである。教育《きょういく》を語《かた》るとき、この言葉《ことば》を持《も》ち出《だ》さないほうがよい。

私《わたし》はあくまでも積極教育派《せっきょくきょういくは》だが、メチャクチャなやり方《かた》で一方的《いっぽうてき》に教《おし》えよと言《い》っているのではない。技術《ぎじゅつ》を「与《あた》える」ということを恐《おそ》れるな、と言《い》っているのである。

教《おし》える。与《あた》える。させる。指導《しどう》する。

どれも、恐《おそ》れる必要《ひつよう》はない。

国語《こくご》であれ数学《すうがく》であれ、先人《せんじん》が創造《そうぞう》したそういった思考《しこう》の技術《ぎじゅつ》を積極的《せっきょくてき》に与《あた》え、活用《かつよう》する練習《れんしゅう》を積《つ》ませよ、と言《い》っているのである。

その技術《ぎじゅつ》を子《こ》ども自身《じしん》が自分《じぶん》で生《う》み出《だ》せるまで「待《ま》つ」などという無謀《むぼう》なことは避《さ》けるべきだ。

ここでつけ加《くわ》えておくが、私《わたし》は灰谷健次郎《はいたにけんじろう》のファンである。氏《し》の本《ほん》はかなり読《よ》んだ。氏《し》は、圧倒的《あっとうてき》に消極教育推進派《しょうきょくきょういくすいしんは》である。「待《ま》つ」ことを旨《むね》とせよ。それが氏《し》の主張《しゅちょう》である。

私《わたし》はそれを支持《しじ》している。ここに矛盾《むじゅん》はない。待《ま》つことと与《あた》えることは、相互《そうご》に矛盾《むじゅん》せず両立《りょうりつ》できる。

ただし、優先順位《ゆうせんじゅんい》がある。

まず与《あた》える。次《つぎ》に待《ま》つ。

これが肝心《かんじん》である。

技術《ぎじゅつ》を与《あた》え、練習《れんしゅう》を積《つ》ませる。しかる後《のち》に、待《ま》つ。

あとは、子《こ》ども自身《じしん》が技術《ぎじゅつ》を使《つか》って自由《じゆう》に生《い》きればいい。

水《みず》を与《あた》え、しかる後《のち》に待《ま》つのである。

水《みず》を与《あた》えずに芽《め》が出《で》るのを待《ま》っていても、永遠《えいえん》に芽《め》は出《で》ない。

芽《め》が出《で》て、花《はな》が咲《さ》き、徐々《じょじょ》に自立《じりつ》を得《え》たならば、あとは子《こ》どもの自由《じゆう》である。

子《こ》どもは、与《あた》えてもらった技術《ぎじゅつ》に感謝《かんしゃ》しながら、それを使《つか》って自由《じゆう》に生《い》きていくだろう。

人《ひと》は植物《しょくぶつ》ではないから、どこへでも行《い》ける。どこへでも、行《い》けばいい。

「自転車《じてんしゃ》の乗《の》り方《かた》」だけを教《おし》えればいい。「自転車《じてんしゃ》でどこへ行《い》くか」は自由《じゆう》。

「文章《ぶんしょう》の書《か》き方《かた》・読《よ》み方《かた》」だけを教《おし》えればいい。

「何《なに》を書《か》くか・何《なに》を読《よ》むか」は自由《じゆう》。

そこを逆《ぎゃく》にすると、国語教育《こくごきょういく》が道徳教育《どうとくきょういく》になってしまう。

『国語《こくご》が子《こ》どもをダメにする』(福嶋隆史著《ふくしまたかしちょ》・中公新書《ちゅうこうしんしょ》)より

① 文章全体《ぶんしょうぜんたい》(954字《じ》)を、130字以内《じいない》で要約《ようやく》しなさい(句読点《くとうてん》も字数《じすう》に含《ふく》む)。

★ヒントページ（88〜91ページの問題《もんだい》のヒント）

★ノーヒントで解《と》きたい場合《ばあい》は、読《よ》まずに進《すす》めましょう。あとで答《こた》え合《あ》わせする際《さい》に、参考《さんこう》にしてください。

88ページ

★冒頭《ぼうとう》に注目《ちゅうもく》すると、この文章《ぶんしょう》のテーマが「気遣《きづか》い」だということが分《わ》かります。

「日本人《にほんじん》というのは、とにかく気《き》を遣《つか》います。気遣《きづか》いはもちろんよいことですが、ちょっと気《き》になる場《ば》面《めん》があります」

★続《つづ》いて述《の》べられる「写真撮影《しゃしんさつえい》」をめぐる話《はなし》は、具体例《ぐたいれい》です。要約《ようやく》の際《さい》、具体例《ぐたいれい》はすべて丸《まる》ごと無視《むし》してよいかというと、そんなことはありません。**具体例《ぐたいれい》の中《なか》に、大《たい》切《せつ》な抽象的《ちゅうしょうてき》メッセージが含《ふく》まれていることが、よくあるのです。**たとえば、次《つぎ》の――部《ぶ》がそれに当《あ》たります。

「たいていの日本人《にほんじん》は、気《き》を遣《つか》って待《ま》っています」

←

「（すると）今度《こんど》はお父《とう》さんのほうが、通行人《つうこうにん》を待《ま》たせてしまっていることに気《き》を遣《つか》い始《はじ》めたようです」

←

「こんな気遣《きづか》いの連鎖《れんさ》は、疲《つか》れてしまうと思《おも》いませんか？」

★「相手《あいて》に気《き》を遣《つか》う↓相手《あいて》に気《き》を遣《つか》わせてしまう」という「気遣《きづか》いの連鎖《れんさ》」は、疲《つか》れてしまう。これらの内容《ないよう》を、1文目《ぶんめ》でまとめましょう。

★そのあと、「むしろ逆効果《ぎゃくこうか》」とありますから、**対比的《たいひてき》に整理《せいり》**してみます。

気《き》を遣《つか》う　↓　気《き》を遣《つか》わせる　……常識《じょうしき》
気《き》を遣《つか》わない　↓　気《き》を遣《つか》わせない……逆説《ぎゃくせつ》

このように整理《せいり》し、この逆説《ぎゃくせつ》が「本当《ほんとう》の気遣《きづか》い」である、という形《かたち》で2文目《ぶんめ》をまとめます。

★ 89ページ

冒頭《ぼうとう》に注目《ちゅうもく》すると、この文章《ぶんしょう》のテーマが「教育《きょういく》」だということが分《わ》かります。


「教育《きょういく》」とは何《なん》なのか。

よく、「教育《きょういく》とは引《ひ》き出《だ》すことである」と言《い》われる。

しかし、私《わたし》なりに定義《ていぎ》すれば、教育《きょういく》とは「引《ひ》き出《だ》す」ことではない。

「引《ひ》き出《だ》す方法《ほうほう》を与《あた》える」ことだ。

子《こ》ども自身《じしん》が、子《こ》ども自身《じしん》の内側《うちがわ》から様々《さまざま》な知《ち》と心《こころ》とを引《ひ》き出《だ》すことができるよう、「引《ひ》き出《だ》すための技術《ぎじゅつ》・方法《ほうほう》・型《かた》」を、与《あた》えること。

それが、教育《きょういく》なのである。


この冒頭数行《ぼうとうすうぎょう》（特《とく》に——部《ぶ》）に、主張《しゅちょう》はほとんどまとめられていますから、「アはAではなくB」の形《かたち》で整理《せいり》すればよいでしょう。本来《ほんらい》、AとBには反対語《はんたいご》・否定表《ひていひょう》現《げん》を入《い》れ、観点《かんてん》を統一《とういつ》すべきですが、元《もと》の文《ぶん》をどこまで抽象化《ちゅうしょうか》して言《い》いかえるべきかは、ケースバイケースです。

今回《こんかい》は、このままでも一定《いってい》の意味《いみ》が伝《つた》わるものと思《おも》われます。ただ、どうしても観点《かんてん》を統一《とういつ》するならば、「誰《だれ》が引《ひ》き出《だ》すのか」という観点《かんてん》にして補足《ほそく》することになるでしょう。すなわち、教育者《きょういくしゃ》が引《ひ》き出《だ》すのか、子《こ》ども自身《じしん》が引《ひ》き出《だ》すのか、ということです。

★ 次《つぎ》の一節《いっせつ》も、注目《ちゅうもく》すべきでしょう。

私《わたし》はあくまでも積極教育派《せっきょくきょういくは》だが、メチャクチャなやり方《かた》で一方的《いっぽうてき》に教《おし》えよと言《い》っているのではない。技術《ぎじゅつ》を「与《あた》える」ということを恐《おそ》れるな、と言《い》っているのである。

★ 「ではない」「ではなく」などは対比《たいひ》を表《あらわ》します。その前後《ぜんご》に、重要《じゅうよう》なメッセージが書《か》かれていることが大変多《たいへんおお》くなります。なかでも、「ではない」「ではなく」の「あと」にくる内容《ないよう》が主張《しゅちょう》となっていることが多《おお》いため、要約《ようやく》の際《さい》は見落《みお》とさないようにしたいものです。

★ 「優先順位《ゆうせんじゅんい》がある。まず与《あた》える。次《つぎ》に待《ま》つ」という内容《ないよう》も、要約《ようやく》に加《くわ》えるようにしましょう。

5 長文《ちょうぶん》を要約《ようやく》する（逆説的文章《ぎゃくせつてきぶんしょう》）②

月　日

点《てん》

1 次《つぎ》の文章《ぶんしょう》を読《よ》み、あとの問《と》いに答《こた》えなさい。

※難《むずか》しく感《かん》じる場合《ばあい》は104ページを参考《さんこう》にしましょう。

100点《てん》★★★★

　ある日《ひ》、私《わたし》は次《つぎ》の文《ぶん》について授業《じゅぎょう》していました。

「六回表《ろっかいおもて》のホームランが試合《しあい》の流《なが》れを変《か》えた」

　この「流《なが》れ」とはどういう意味《いみ》か。それが問《と》いでした。

　なかなか答《こた》えを出《だ》せず、つまずいている子《こ》がいます。答《こた》えは「展開《てんかい》」。たしかに、少《すこ》し難《むずか》しいかもしれません。

　ところが、その子《こ》は、実《じつ》はそれよりももっと前《まえ》の段階《だんかい》でつまずいていたのです。

　その子《こ》は、私《わたし》にたずねました。

「あの……、六回表《ろっかいおもて》って何《なん》ですか」

　私《わたし》は耳《みみ》を疑《うたが》いました。野球《やきゅう》を知《し》らないのです。

　周囲《しゅうい》の子《こ》にも挙手《きょしゅ》を求《もと》めたところ、なんと、ほかにもいました。よく知《し》らないという子《こ》が。聞《き》けば、彼《かれ》らは、野球自体《やきゅうじたい》プレイしたこともないし観戦《かんせん》したこともない（実地《じっち》でもテレビでも）、と言《い》います。

　むろん、テレビではある程度《ていど》、野球中継等《やきゅうちゅうけいとう》が目《め》に入《はい》っているのでしょうが、意識的《いしきてき》に見《み》てはいないということなのでしょう。

　女子《じょし》だけではありません。男子《だんし》にも複数《ふくすう》いました。野球《やきゅう》はよく知《し》らない、という子《こ》が。

　こんなことでよいのでしょうか。

　よいはずがありません。

　冒頭《ぼうとう》の文《ぶん》については、「六回表《ろっかいおもて》」だけでなく「ホームラン」についても、今《いま》ひとつ理解《りかい》できていない子《こ》がいました。

　これでは、「流《なが》れを変《か》えた」の言《い》いかえ練習《れんしゅう》どころではありません。具体的《ぐたいてき》イメージが、まったくわいていないのですから。

　このように、常識《じょうしき》を前提《ぜんてい》とした文章《ぶんしょう》、常識《じょうしき》がないと意味《いみ》をつかめない文章《ぶんしょう》は、いくらでもあります。

その一方《いっぽう》で、親《おや》や教師《きょうし》は、「この子《こ》は、その程度《ていど》の常識《じょうしき》は持《も》っているはずだ」と思《おも》い込《こ》んでいます。

というより、疑《うたが》おうとしません。

しかし、私《わたし》は、そこを日々《ひび》疑《うたが》い続《つづ》けています。

「もしかして、〇〇を知《し》らない人《ひと》、いる？」

私《わたし》の授業《じゅぎょう》では、こういう確認《かくにん》が頻繁《ひんぱん》に行《おこな》われています。

そのたびに私《わたし》は思《おも》うのです。

この子《こ》たちに、「常識《じょうしき》」を与《あた》えてあげたい、与《あた》えなければならない、と。

こうして、この本《ほん》※が生《う》まれるに至《いた》ったのです。

※文章《ぶんしょう》の終《お》わりに記載《きさい》

◆ここで、常識《じょうしき》とは何《なに》かということを考《かんが》えておかなければなりません。

常識《じょうしき》とは、一般《いっぱん》の人間《にんげん》が当然《とうぜん》に持《も》つべき知識《ちしき》・判《はん》断《だん》のことです。たとえば、「赤信号《あかしんごう》では止《と》まらなければならない」というのは、当然《とうぜん》に持《も》つべき知識《ちしき》・判断《はんだん》です。

ただし、この「判断《はんだん》」のほうは、やや主観《しゅかん》が入《はい》る場合《ばあい》もあります。たとえば、「帰《かえ》ったら手《て》を洗《あら》うべき」「図書館《としょかん》では静《しず》かにすべき」などというのは、常識的判断《じょうしきてきはんだん》ではありますが、客観的《きゃっかんてき》な「事実《じじつ》」であると表現《ひょうげん》することはできません。こういう類《たぐい》の常識《じょうしき》、すなわち意見《いけん》や判断《はんだん》は、時代《じだい》・地域《ちいき》・年齢《ねんれい》・性別《せいべつ》・立場《たちば》・職業等《しょくぎょうとう》によって変化《へんか》します。この本《ほん》では、そういった変化《へんか》の余地《よち》が残《のこ》る常識《じょうしき》ではなく、できるだけ変化《へんか》の余地《よち》が残《のこ》らない、「事実《じじつ》」に近《ちか》い常識《じょうしき》を集《あつ》めました。

事実《じじつ》に近《ちか》い常識《じょうしき》。

それが、いわゆる「知識《ちしき》」です。

「赤信号《あかしんごう》は止《と》まるべき」という以前《いぜん》に、「その色《いろ》を赤《あか》と呼《よ》ぶ」という部分《ぶぶん》。

言《い》ってしまえば、「名前《なまえ》」です。

その対象《たいしょう》につけられた名前《なまえ》を知《し》ること。

これが、あらゆる「判断《はんだん》」の前提《ぜんてい》となるわけです。

そもそも、「識《しき》」という字《じ》には、「しるし」という意味《いみ》があります。

「それが何《なん》であるか」を明確《めいかく》にし、類似《るいじ》した他《た》の存《そん》在《ざい》と区別《くべつ》し分《わ》けるための記号《きごう》。それが「しるし」であり、「名前《なまえ》」であり、「知識《ちしき》」なのです。

他《た》と「識別《しきべつ》」するための「標識《ひょうしき》」ということですね。

山道《さんどう》に咲《さ》くその青紫色《あおむらさきいろ》の花《はな》が「トリカブト※」という名《な》であると知《し》っているかどうかは、生死《せいし》を分《わ》けます。名《な》を知《し》らなければ、判断《はんだん》はできないわけです。

※猛毒《もうどく》の植物《しょくぶつ》

そして、名《な》を知《し》るということは、世界《せかい》を広《ひろ》げることでもあります。

日本語《にほんご》では「米《こめ》」「稲《いね》」「ご飯《はん》」などと複数《ふくすう》の名《な》を持《も》つそれを、英語《えいご》では通常《つうじょう》、単《たん》にｒｉｃｅ《ライス》と表現《ひょうげん》します。稲作文化《いなさくぶんか》の日本《にほん》では、それについての世界《せかい》がアメリカなどよりも広《ひろ》がっていると言《い》えるでしょう。

もっと単純《たんじゅん》な話《はなし》、「アメリカ」「フランス」「中国《ちゅうごく》」「インド」などといった国《くに》の名前《なまえ》を何《なに》も知《し》らなければ、それらは単純《たんじゅん》に「外国《がいこく》」という一《ひと》つのくくりになってしまうでしょう。それらの名前《なまえ》を知《し》らない人《ひと》にとっては、アメリカもフランスも中国《ちゅうごく》もインドも「存在《そんざい》しない」のです。彼《かれ》にとって、そこには「外《がい》国《こく》」しか存在《そんざい》しません。

他《た》と区別《くべつ》するための名前《なまえ》を知《し》るということ、すなわち知識《ちしき》を持《も》つということがいかに大切《たいせつ》であるか。

お分《わ》かりいただけましたか。

最近《さいきん》の教育界《きょういくかい》では、「知識《ちしき》の詰《つ》め込《こ》み」などと批《ひ》判《はん》し知識《ちしき》を軽視《けいし》する向《む》きがありますが、とんでもないことです。

知《し》らなければ知《し》らないほど、世界《せかい》は狭《せま》くなる。

こんなに痛《いた》ましいことはありません。

知《し》れば知《し》るほど、世界《せかい》が広《ひろ》がる。

こんなに素晴《すば》らしいことはありません。

少《すこ》し違《ちが》う角度《かくど》から考《かんが》えましょう。

「大人《おとな》になる」とは、どういうことでしょうか。

それは、一《ひと》つには、「抽象的思考《ちゅうしょうてきしこう》ができるようになる」ということを意味《いみ》します。

スポーツはなぜ人《ひと》を勇気《ゆうき》づけるのか。友《とも》だちとはどういうものか。はたまた、正義《せいぎ》とは何《なに》か。こういったことを考《かんが》えられるのが、「大人《おとな》」です。

子《こ》どもは一〇《じっ》歳《さい》前後《ぜんご》からそういう思考《しこう》がグンとできるようになります。中学受験《ちゅうがくじゅけん》などでも、そういう思考力《しこうりょく》（抽象化力《ちゅうしょうかりょく》）こそが試《ため》されるわけです。

そのときに欠《か》かせないのは、実《じつ》は、具体化力《ぐたいかりょく》です。

スポーツはなぜ人《ひと》を勇気《ゆうき》づけるのかを考《かんが》えるとき、「たとえば野球《やきゅう》では……」と具体化《ぐたいか》せずに考《かんが》えることは不可能《ふかのう》です。人《ひと》は、抽象的思考《ちゅうしょうてきしこう》をしようとするとき、まずは必《かなら》ず具体化《ぐたいか》のステップを踏《ふ》むのです。

野球《やきゅう》を知《し》らなければ、その分《ぶん》だけ、「スポーツとは」という抽象的思考《ちゅうしょうてきしこう》もしづらくなるということです。

具体化《ぐたいか》は、比喩《ひゆ》の場合《ばあい》もあります。

「あの子《こ》はクラスの太陽《たいよう》だ」というのは、「あの子《こ》はクラスを明《あか》るくしてくれる」という抽象的思考《ちゅうしょうてきしこう》を比喩《ひゆ》で表現《ひょうげん》したものです。「太陽《たいよう》」と言《い》い表《あらわ》すことによって、その人《ひと》の明《あか》るさをより明確《めいかく》に表現《ひょうげん》できます（正確《せいかく》には「明《あか》るさ」自体《じたい》も比喩《ひゆ》です）。

比喩《ひゆ》は、絵《え》が浮《う》かびます。形《かたち》があります。具体的《ぐたいてき》です。

具体的《ぐたいてき》なものには、「名前《なまえ》」があります。

他《た》と区別《くべつ》・識別《しきべつ》できる名前《なまえ》を有《ゆう》すること、それを「具体的《ぐたいてき》」と言《い》います。野球《やきゅう》も太陽《たいよう》も、同《おな》じです。

もうお気《き》づきですね。そうです。

「知識《ちしき》」とは、思考《しこう》を支《ささ》えるものなのです。

「知識《ちしき》」があればあるほど、私《わたし》たちは具体的《ぐたいてき》にものを考《かんが》えることができます。具体例《ぐたいれい》をたくさん持《も》っている人《ひと》は、それを抽象化《ちゅうしょうか》することもたやすくなります。「外国《がいこく》」しか知《し》らない人《ひと》は、「外国《がいこく》」を説明《せつめい》できません。「アメリカ」「フランス」「中国《ちゅうごく》」「インド」を知《し》っているからこそ、「外国《がいこく》」という抽象概念《ちゅうしょうがいねん》を説明《せつめい》できます。

今《いま》、知識《ちしき》は思考《しこう》を支《ささ》える、と書《か》きました。

これは、言《い》いかえれば、「知識《ちしき》は読《よ》み書《か》きを支《ささ》える」ということでもあります。

書《か》く力《ちから》、読《よ》む力《ちから》。それは、イコール思考力《しこうりょく》です。

知識《ちしき》が多《おお》い人《ひと》ほど、読《よ》む力《ちから》も書《か》く力《ちから》も高《たか》くなるのです。

『ふくしま式《しき》「小学生《しょうがくせい》の必須常識《ひっすじょうしき》」が身《み》につく問題集《もんだいしゅう》』より

① 文章中《ぶんしょうちゅう》の◆マークから、文章《ぶんしょう》の終《お》わりまで（１９３８字《じ》）を、３５０字《じ》以内《いない》で要約《ようやく》しなさい（句読点《くとうてん》も字数《じすう》に含《ふく》む）。

ここがポイント！

❶① 「○○とは」「○○ということは」などと書《か》かれた文《ぶん》は、多《おお》くの場合《ばあい》、その言葉《ことば》を定義《ていぎ》づける（その言葉《ことば》の意味《いみ》を定《さだ》める）文《ぶん》になっています。そういった文《ぶん》をうまくつなげながら、要約文《ようやくぶん》を作《つく》っていくようにしましょう。

～コラム～　天声人語《てんせいじんご》の要約《ようやく》よりも、この一冊《いっさつ》

新聞《しんぶん》の一面《いちめん》コラムといえば、朝日新聞《あさひしんぶん》「天声人語《てんせいじんご》」、読売《よみうり》新聞《しんぶん》「編集手帳《へんしゅうてちょう》」などが浮《う》かびます。これらを書《か》き写《うつ》す・要《よう》約《やく》するといった活用法《かつようほう》は、教育現場《きょういくげんば》で広《ひろ》く行《おこな》われています。しかし、書《か》き写《うつ》すだけならまだしも、要約《ようやく》するとなると、どうでしょう。とたんに、難敵《なんてき》になってしまいますね。

これらのコラムは、「豆腐《とうふ》を横《よこ》に並《なら》べたような」文章《ぶんしょう》です。『思考《しこう》の整理学《せいりがく》』で有名《ゆうめい》な外山滋比古《とやましげひこ》氏《し》の比喩《ひゆ》を借《か》りれば、このタイプの文章《ぶんしょう》は「論理的断絶《ろんりてきだんぜつ》が生命《せいめい》になっている」わけですから、そもそも「要約《ようやく》してはいけない」のです。一行一《いちぎょういち》行《ぎょう》を大切《たいせつ》に、詩《し》を読《よ》むように味《あじ》わう。それが、天声人語《てんせいじんご》であり編集手帳《へんしゅうてちょう》です。一方《いっぽう》、論理的《ろんりてき》な文章《ぶんしょう》とは、氏《し》の言《い》うところの「レンガを積《つ》み上《あ》げたような」文章《ぶんしょう》です。

あなたは今《いま》、「要約力《ようやくりょく》」を身《み》につけたいと思《おも》っている。ならば、豆腐《とうふ》タイプよりレンガタイプの文章《ぶんしょう》を、題材《だいざい》にしなければなりません。特《とく》に、最初《さいしょ》から要約《ようやく》させることを目的《もくてき》にして書《か》かれた文章《ぶんしょう》であることが理想《りそう》です。この本《ほん》は、Ｐａｒｔ３の一部《いちぶ》を除《のぞ》けば、まさに「要約《ようやく》させるために作《つく》った文章《ぶんしょう》」を用《もち》いています。

感性《かんせい》で味《あじ》わうのではなく、理性的《りせいてき》に整理《せいり》する練習《れんしゅう》としては、この本《ほん》こそがふさわしいと言《い》えるでしょう。

参照《さんしょう》『知的創造《ちてきそうぞう》のヒント』外山滋比古《とやましげひこ》（講談社現代新書《こうだんしゃげんだいしんしょ》）

長文《ちょうぶん》を要約《ようやく》する（逆説的文章《ぎゃくせつてきぶんしょう》）③

月　日

点《てん》

1 次《つぎ》の文章《ぶんしょう》を読《よ》み、あとの問《と》いに答《こた》えなさい。

※難《むずか》しく感《かん》じる場合《ばあい》は105ページを参考《さんこう》にしましょう。

100点《てん》★★★★

言葉《ことば》とは、そもそもどのような働《はたら》きを持《も》つのでしょうか。最後《さいご》に、この本質的《ほんしつてき》な問《と》いについて考《かんが》えておきたいと思《おも》います。

端的《たんてき》に言《い》えば、言葉《ことば》は、意味《いみ》を切《き》り分《わ》け、世界《せかい》を生《う》み出《だ》すものです。

言葉《ことば》の指示対象《しじたいしょう》は、言葉《ことば》があって初《はじ》めて、そこに「存在《そんざい》」するようになります。

さて、どういうことでしょうか。

私《わたし》は、子《こ》どもたちによくこう伝《つた》えます。

今《いま》、宇宙人《うちゅうじん》が地球《ちきゅう》にやって来《き》たとします。

上空《じょうくう》から地上《ちじょう》を見《み》て、あれがアメリカ、あれが日《に》本《ほん》、あれが中国《ちゅうごく》……と区別《くべつ》できるでしょうか。できないでしょう。

もっと地上《ちじょう》に近《ちか》づいたとき、あれが人間《にんげん》、あれが猿《さる》、あれがチンパンジー……と区別《くべつ》できるでしょうか。できないでしょう。

あれは田中《たなか》さん、あれは鈴木《すずき》さん、あれは山本《やまもと》さん、という区別《くべつ》は？　これも、できないでしょう。

なぜでしょうか。それは、「言葉《ことば》」を持《も》たないからです。

宇宙人《うちゅうじん》でなく地球人《ちきゅうじん》であっても、いや、日本人《にほんじん》であっても、同様《どうよう》の例《れい》は無限《むげん》にあります。

ある幼児《ようじ》が、綿菓子《わたがし》を見《み》て「ちっちゃい雲《くも》だね」と言《い》ったとします。

それを聞《き》いた親《おや》は、わが子《こ》は比喩《ひゆ》がうまい、詩的《してき》だと感心《かんしん》するでしょう。

しかし、それはもしかすると、言葉《ことば》を持《も》たなかっただけのことかもしれません。本当《ほんとう》に「雲《くも》」だと思《おも》ったのかもしれません。白《しろ》くてふわふわした対象《たいしょう》は全《すべ》て「雲《くも》」と呼《よ》ぶのだと勘違《かんちが》いしていたのかもしれない、ということです。

そこで、親《おや》がわが子《こ》の知識《ちしき》の有無《うむ》を確《たし》かめ、これは「綿菓子《わたがし》」とか「綿《わた》あめ」とか呼《よ》ばれるものなんだよ、と教《おし》えれば、その子《こ》は新《あたら》しい知識《ちしき》を獲得《かくとく》したことになります。

そのとき、その子《こ》の脳内《のうない》には新《あたら》しい「言葉《ことば》」と新《あたら》しい「意味《いみ》」が生《う》まれました。

かつ、「雲《くも》」という言葉《ことば》の意味範囲《いみはんい》から、綿菓子《わたがし》が消《き》えました。

より身近《みぢか》な例《れい》も挙《あ》げておきましょう。

あなたが新社会人《しんしゃかいじん》として会社《かいしゃ》など何《なん》らかの組織《そしき》に所属《しょぞく》した最初《さいしょ》の日《ひ》のことを、思《おも》い出《だ》してください。

あなたにとって、周囲《しゅうい》にいる人々《ひとびと》は皆《みな》、「社員《しゃいん》」でしかありませんでした。

しかし、日《ひ》が経《た》つにつれ、あの人《ひと》は「部長《ぶちょう》」、あの人《ひと》は「課長《かちょう》」、あの人《ひと》は「係長《かかりちょう》」だと認識《にんしき》し、区別《くべつ》するようになりました。あるいは、あの人《ひと》は「佐々《ささ》木《き》」、あの人《ひと》は「川崎《かわさき》」、あの人《ひと》は「島田《しまだ》」であることを、知《し》りました。

社員《しゃいん》という言葉《ことば》しか持《も》たなかったうちは対象《たいしょう》を切《き》り分《わ》けることができていませんでしたが、部長《ぶちょう》・課《か》長《ちょう》・係長《かかりちょう》、佐々木《ささき》・川崎《かわさき》・島田《しまだ》という言葉《ことば》を持《も》ちそれが何《なに》を指《さ》し示《しめ》すのかを認識《にんしき》したあとでは、対象《たいしょう》を切《き》り分《わ》けることができるようになりました。

だいたい、お分《わ》かりいただけたでしょう。

言葉《ことば》というものは、増《ふ》えれば増《ふ》えるほど、対象《たいしょう》※を細《こま》かく切《き》り分《わ》けます（※正確《せいかく》には「対象《たいしょう》のイメージ」）。

その分《ぶん》だけ、認識《にんしき》できるものごとが増《ふ》えます。

言語学《げんごがく》では、この切《き》り分《わ》けを「分節《ぶんせつ》」と呼《よ》びます。

認識《にんしき》・識別《しきべつ》・判別《はんべつ》・判断《はんだん》・意識《いしき》・知識《ちしき》・常識《じょうしき》・分《ぶん》解《かい》・分析《ぶんせき》・理解《りかい》・整理《せいり》……等々《とうとう》、どれも「分節《ぶんせつ》」の意味《いみ》を備《そな》えています。

先《さき》ほどは名詞《めいし》を例《れい》に挙《あ》げましたが、どんな言葉《ことば》でも同《おな》じです。

形容詞《けいようし》。「重《おも》い」と「重《おも》たい」。

形容動詞《けいようどうし》。「華《はな》やか」と「きらびやか」。

動詞《どうし》。「持《も》つ」と「抱《いだ》く」。

どれも、言葉《ことば》がその意味《いみ》を細《こま》かく分節《ぶんせつ》しています。

単語《たんご》でなく、文《ぶん》でも文章《ぶんしょう》でも、全《まった》く同《おな》じことが言《い》えます。

言葉《ことば》があるからこそ、指示対象《しじたいしょう》が「存在《そんざい》」するようになります。

大切《たいせつ》なのは、この順序《じゅんじょ》です。

先《さき》に指示対象《しじたいしょう》があって、そこに言葉《ことば》を付与《ふよ》していくのではありません。

これは、言語論的転回《げんごろんてきてんかい》と呼《よ》ばれる考《かんが》え方《かた》です。哲学者《てつがくしゃ》・言語学者《げんごがくしゃ》であるソシュールらの言説《げんせつ》が、その代表格《だいひょうかく》です。

先《さき》に「重《おも》い物《もの》」があり、それをあとから「重《おも》い」と表現《ひょうげん》するのではありません。

先《さき》に「重《おも》い」という言葉《ことば》があり、それによってあとから「重《おも》い物《もの》」が生《う》み出《だ》されるのです。

だからこそ、言葉《ことば》が、大切《たいせつ》になります。

言葉《ことば》を無意識的《むいしきてき》に使《つか》う人《ひと》は、漠然《ばくぜん》とした意味世界《いみせかい》しか持《も》ち得《え》ません。それは、狭《せま》く、暗《くら》く、知性《ちせい》も面白《おもしろ》みもない世界《せかい》です。

言葉《ことば》を意識的《いしきてき》に使《つか》う人《ひと》は、明確《めいかく》な意味世界《いみせかい》を持《も》つことができます。それは、広《ひろ》く、明《あか》るく、知性的《ちせいてき》で面白《おもしろ》い世界《せかい》です。

世界《せかい》を広《ひろ》げ、人生《じんせい》を楽《たの》しむには、言葉《ことば》を意識的《いしきてき》・選択的《せんたくてき》に使《つか》っていくことが、不可欠《ふかけつ》なのです。

『日本語《にほんご》の活《い》かし方《かた》』（福嶋隆史《ふくしまたかし》著《ちょ》・星海社新書《せいかいしゃしんしょ》）より

① 文章全体《ぶんしょうぜんたい》（１６７０字《じ》）を、２４０字《じ》以内《いない》で要約《ようやく》しなさい（句読点《くとうてん》も字数《じすう》に含《ふく》む）。

ここがポイント！

❶ ①「言葉《ことば》」について抽象的《ちゅうしょうてき》に説明《せつめい》している文《ぶん》をいくつか選《えら》び出《だ》し、読《よ》みやすいようにつなげていきましょう。

★ヒントページ（94〜103ページの問題《もんだい》のヒント）

★ノーヒントで解《と》きたい場合《ばあい》は、読《よ》まずに進《すす》めましょう。
あとで答《こた》え合《あ》わせする際《さい》に、参考《さんこう》にしてください。

94ページ

★次《つぎ》の要約文《ようやくぶん》（解答例《かいとうれい》）を穴埋《あなう》めしながら、進《すす》めてみましょう。

この順序《じゅんじょ》で全体《ぜんたい》をつなげて、答《こた》えにします。

・常識《じょうしき》とは、＿＿＿＿＿のことである。

・知識《ちしき》とは、＿＿＿＿＿のことであり、＿＿＿＿＿であるとも言《い》える。これが、あらゆる判断《はんだん》の前提《ぜんてい》となる。

・そして、名《な》を知《し》るということは、＿＿＿＿＿ことでもある。

・名《な》を知《し》らなければ、その対象《たいしょう》は「＿＿＿＿＿」とも言《い》える。

・「大人《おとな》になる」とは、＿＿＿＿＿ことを意味《いみ》する。

・そのときに欠《か》かせないのは、実《じつ》は＿＿＿＿＿である。＿＿＿＿＿をしようとするとき、まずは必《かなら》ず＿＿＿＿＿のステップを踏《ふ》む。＿＿＿＿＿は、比喩《ひゆ》の場合《ばあい》もある。

・いずれにせよ、具体化《ぐたいか》のためには、名前《なまえ》、すなわち知識《ちしき》を持《も》つ必要《ひつよう》がある。知識《ちしき》があればあるほど、＿＿＿＿＿、抽象概念《ちゅうしょうがいねん》を説明《せつめい》できるようになる。これは、＿＿＿＿＿ということでもある。

100ページ

★次《つぎ》の要約文《ようやくぶん》（解答例《かいとうれい》）を穴埋《あなう》めしながら、進《すす》めてみましょう。

この順序《じゅんじょ》で全体《ぜんたい》をつなげて、答《こた》えにします。

・言葉《ことば》とは、＿＿＿＿ものである。

・切《き》り分《わ》けた分《ぶん》だけ、＿＿＿＿。

・言語学《げんごがく》では、この切《き》り分《わ》けを「分節《ぶんせつ》」と呼《よ》ぶ。

・言葉《ことば》があるからこそ、＿＿＿＿。

・先《さき》に＿＿＿＿があって、そこに言葉《ことば》を付与《ふよ》していくのではない。

・大切《たいせつ》なのは、この順序《じゅんじょ》である。

・言葉《ことば》が先《さき》だからこそ、＿＿＿＿が大切《たいせつ》になる。

・そういう人《ひと》は、＿＿＿＿。

・世界《せかい》を広《ひろ》げ、人生《じんせい》を楽《たの》しむには、＿＿＿＿ことが、不可欠《ふかけつ》なのである。

既刊紹介③（すべて福嶋隆史著・大和出版）

『ふくしま式
「本当の語彙力」が身につく問題集
［小学生版］』

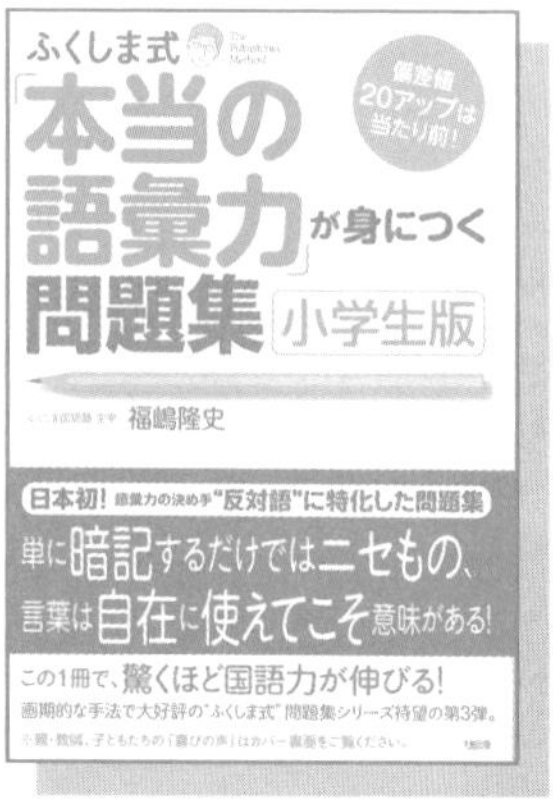

文章の骨組みはいつでも対比関係。その整理に欠かせないのが、反対語。100セット200語の反対語と、950語超の関連語を使いこなすための１冊。

『ふくしま式
小学生が最初に身につけたい
語彙２００』

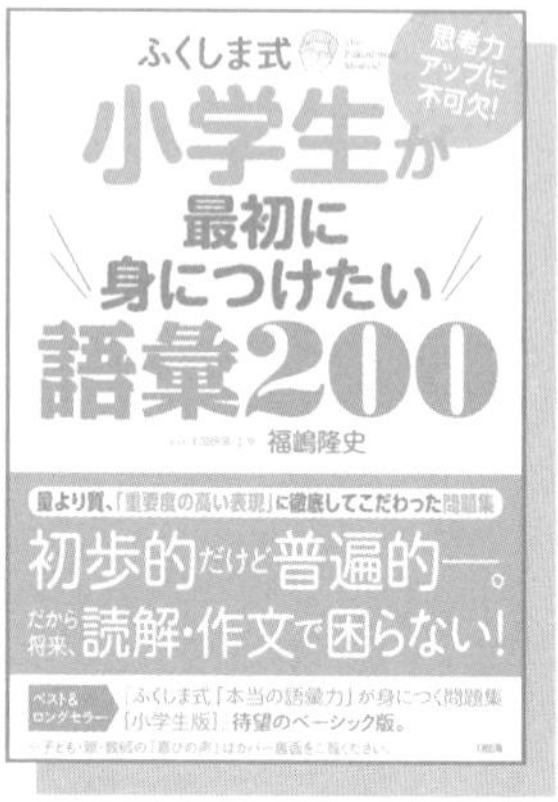

小学１～３年生向けに作った本ですが、その切り口「７つの観点」は、あらゆる言葉に対し有効。

『思考力がある人の
アタマの中身』

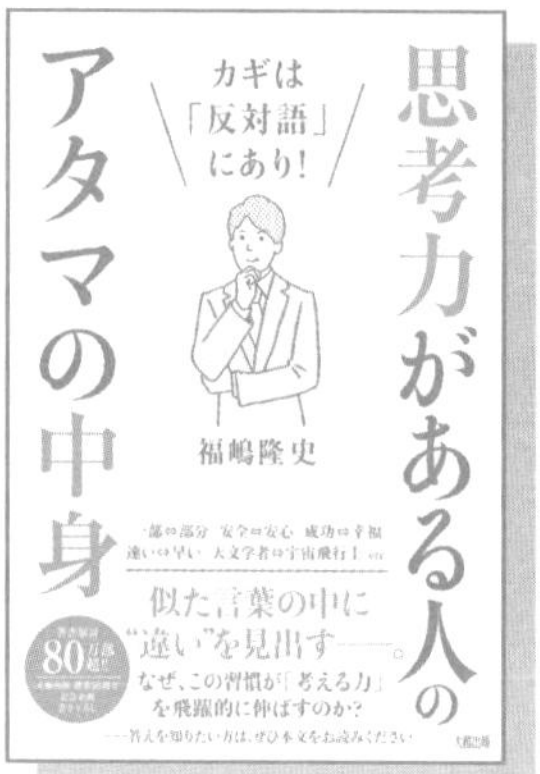

類似したものごとの相違点を見出すことこそ、思考力の要である。その意味を、豊富な具体例で解き明かす。

『ふくしま式
「国語の読解問題」に強くなる問題集
［小学生版］』

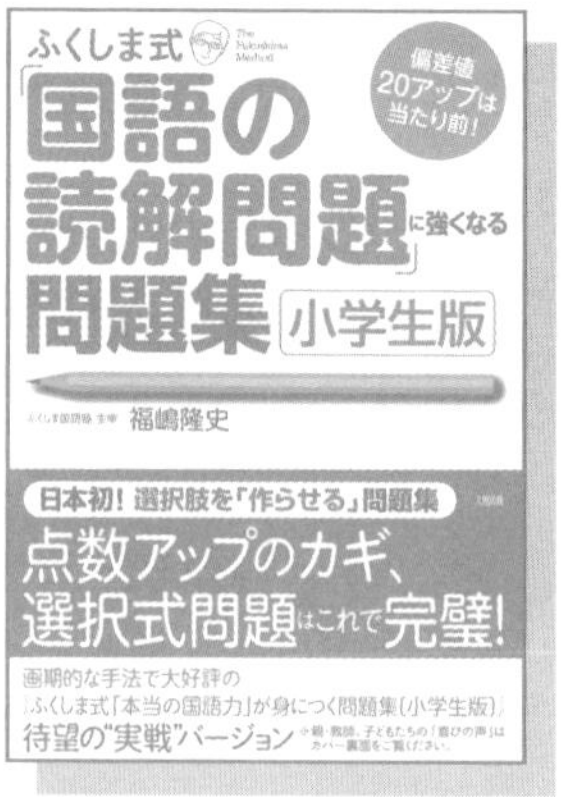

選択式設問に特化。選択肢を自ら作ることで選択肢の構造に気づかせるという、画期的な問題集。

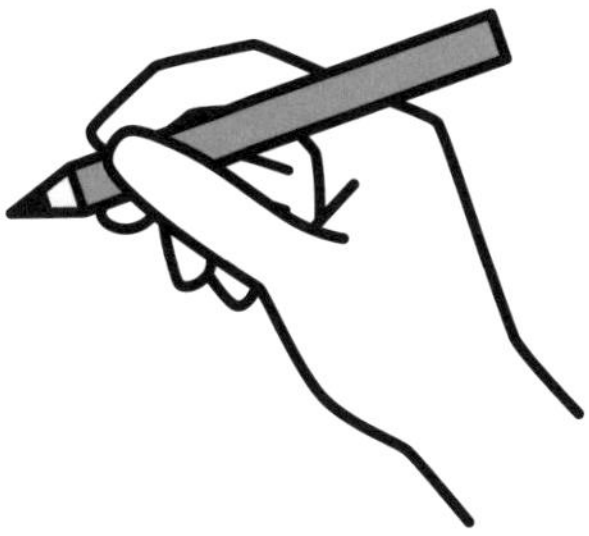

解説《かいせつ》・解答《かいとう》

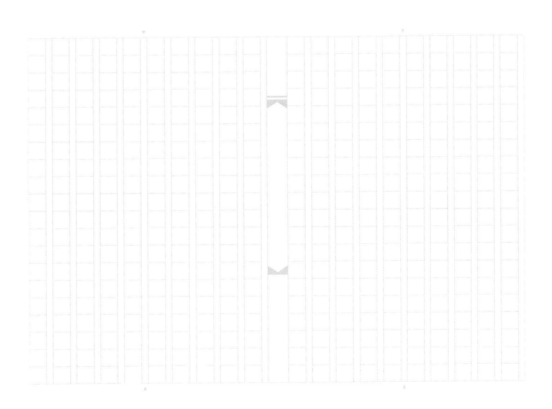

解説《かいせつ》・解答《かいとう》

この問題集《もんだいしゅう》はほとんどが記述式《きじゅつしき》であり、読者《どくしゃ》のみなさんが自《みずか》ら採点《さいてん》する際《さい》、かなり苦労《くろう》するかもしれません。しかし正直《しょうじき》なところ、たとえ国語教師《こくごきょうし》であれ、完璧《かんぺき》な基準《きじゅん》で記述答案《きじゅつとうあん》を採点《さいてん》できるものではありませんから、あまり採点《さいてん》の厳密性《げんみつせい》にこだわらないようにしましょう。そもそも、解答《かいとう》として示《しめ》している要約文《ようやくぶん》はいずれも「例《れい》」であり、一字一句《いちじいっく》そのとおりでなければならないわけではありません。

厳密《げんみつ》に採点《さいてん》することよりも大切《たいせつ》なのは、考《かんが》え方《かた》を学《まな》ぶことです。そのページで学《まな》ぶべき「考《かんが》え方《かた》」を、自《みずか》らがどの程度《ていど》、答案《とうあん》に反映《はんえい》できたのか。それをざっくりと評価《ひょうか》できれば、十分《じゅうぶん》です。

影《かげ》（　）になっている部分《ぶぶん》は要約時《ようやくじ》にカットすべき部分《ぶぶん》ですが、そのままカットすればよい場合《ばあい》と、少《すこ》し手《て》を加《くわ》えなければならない場合《ばあい》とがあります。

Part 1

1 文《ぶん》を要約《ようやく》する

1 述語《じゅつご》（述部《じゅつぶ》）を引《ひ》き出《だ》す

10・11ページ

❶

① いたずらした　子《こ》を　先生《せんせい》が　注意《ちゅうい》した。

② 買《か》ったばかりの　鉛筆《えんぴつ》が　なくなった。

③ 停電《ていでん》で　急《きゅう》に　明《あ》かりが　消《き》えた。

❷

① 彼女《かのじょ》は　恥《は》ずかしくて　目《め》を　そらした。

② ボールが　坂道《さかみち》を　転《ころ》がって　くる。

③ 弟《おとうと》が　プレゼントを　喜《よろこ》んで　くれた。

④ 気持《きも》ちを　こめて　深《ふか》く　頭《あたま》を　下《さ》げた。

❸

① 起《お》きた あと オフに し忘《わす》れた 目覚《めざ》まし時計《どけい》の 音《おと》が、 ずっと 鳴《な》り響《ひび》いて いた。

② プロ野球選手《やきゅうせんしゅ》は、 ただ キャッチボールを するだけでも、 美《うつく》しい 動《うご》きを する。

③ リーダーが 最後《さいご》に 言《い》った ひとことは、 清《きよ》く 正《ただ》しく 美《うつく》しかった。

④ 卒業生《そつぎょうせい》が 金《きん》メダリストだなんて、 とても うれしく 誇《ほこ》らしい。

⑤ とげの ある 言《い》い方《かた》だなあ、 それは。

⑥ ついに やって きたね、 発表会《はっぴょうかい》の 日《ひ》が。

❹

① 僕《ぼく》は挑戦《ちょうせん》したんだから、 きみも。

↓ 挑戦《ちょうせん》してみなよ。

② 昨日《きのう》はあんなに寒《さむ》かったのに、 今日《きょう》はこんなに。

↓ 暖《あたた》かい。

③ 僕《ぼく》はコーヒーを頼《たの》むけど、 きみは何《なに》を？

↓ 頼《たの》むの？

12・13ページ

2 主語《しゅご》（主部《しゅぶ》）を引《ひ》き出《だ》す

❶

① 強風《きょうふう》で 髪《かみ》が バサバサに なった。

② プロに 頼《たの》んだら、 パソコンが 直《なお》った。

③ 休《やす》んで いた 選手《せんしゅ》が、 試合《しあい》に 復帰《ふっき》した。

❷

① 負《ま》けた ユウジは 大《おお》きな ため息《いき》を ついた。

② 大声《おおごえ》を 出《だ》すのは 禁止事項《きんしじこう》です。

③ メンバー同士《どうし》で お互《たが》いを 信《しん》じることが 大切《たいせつ》です。

❸

① 朝《あさ》、空《そら》は明《あか》るかったが、 昼《ひる》には暗《くら》くなった。

↓ 空《そら》が（空《そら》は）

② 新《あたら》しいのは手前《てまえ》？ それとも、 奥《おく》の？

↓ 新《あたら》しいのは

③ 先生《せんせい》は、朝《あさ》から不機嫌《ふきげん》だった。忘《わす》れ物《もの》をした子《こ》に対《たい》して、いつもはやさしいのに、今日《きょう》は怒鳴《どな》っていた。

↓ 先生《せんせい》は（先生《せんせい》が）

④ マンションの高層階《こうそうかい》なのに、セミがベランダにとまっていることが多《おお》い。今日《きょう》は、昨日《きのう》と違《ちが》ってずっとジージー鳴《な》いている。

↓ セミは（セミが）

⑤ 彼女《かのじょ》は言《い》った。「じゃあ、また半年後《はんとしご》にね」つぶやくようにひとこと言《い》い残《のこ》し、姿《すがた》を消《け》した。

↓ 彼女《かのじょ》は

14・15ページ

3 主題《しゅだい》を引《ひ》き出《だ》す

❶（もともと引《ひ》いてあった線《せん》は点線《てんせん》で表示《ひょうじ》）

① 怒《おこ》った 先生《せんせい》は 顔《かお》が 鬼《おに》のようだ。

② 妹《いもうと》は 私《わたし》よりも 身長《しんちょう》が 高《たか》い。

③ プロ野球選手《やきゅうせんしゅ》は 動《うご》きに 無駄《むだ》が ない。

④ 映画《えいが》は 映画館《えいがかん》で 見《み》るから 価値《かち》が ある。

⑤ 二人《ふたり》でカフェに入《はい》った。彼女《かのじょ》は ショートケーキ。僕《ぼく》は パフェだ。

⑥ スマホなどというものが なかった 時代《じだい》には、駅《えき》で 待《ま》ち合《あ》わせするにも ひと苦労《くろう》していた。

⑦ 図書室《としょしつ》では 静《しず》かにするのが マナーだ。

❷（もともと引《ひ》いてあった線《せん》は点線《てんせん》で表示《ひょうじ》）

① この 消《け》しゴムは、 安《やす》いのに よく 消《き》える。

② この 物語《ものがたり》は、 五回《ごかい》も 泣《な》いた。

③ この 中学《ちゅうがく》は、 優秀《ゆうしゅう》な 生徒《せいと》を 集《あつ》めている。

❸ ③

解説 「集めている→誰（何）が？→中学が」と考えれば、主語は「中学は」となります。①では、「消える」ものは書いた筆跡などであって、消しゴムそのものではないことに注意します。

4 16・17ページ 「主題《しゅだい》＋述部《じゅつぶ》」で要約《ようやく》する

❶ ① ウ　② イ

解説 ① ア「テレビは働きにくい」では、何が働くのか分からず、意味が通じません。イ「想像力が働きにくい」では、いったい何について話しているのか、主題が分かりません。②も同様に考えます。

❷ ① 手書《てが》きの文字《もじ》には、あたたかみがある。　18字《じ》

▼手書《てが》きの文字《もじ》には、書《か》いた人《ひと》の個性《こせい》や、そのときそのときの感情《かんじょう》がにじみ出《で》るから、どことなくあたたかみがある。

② プロの料理《りょうり》には、深《ふか》みがある。　14字《じ》

▼プロの料理《りょうり》には、長年《ながねん》の経験《けいけん》から生《う》まれる、素人《しろうと》にはまねのできない深《ふか》みがある。

③ 今度《こんど》の相手《あいて》チームは、工夫《くふう》が求《もと》められる。　19字《じ》

▼今度《こんど》の相手《あいて》チームはこれまでで最《もっと》も強《つよ》いから、戦《たたか》うにあたってこれまでにない工夫《くふう》が求《もと》められる。

④ 新聞《しんぶん》は、情報《じょうほう》の新《あたら》しさに限界《げんかい》がある。　17字《じ》

▼新聞《しんぶん》というのは、今《いま》まさに起《お》こっていることをリアルタイムで載《の》せることができない。早《はや》くても数時間前《すうじかんまえ》のできごとしか載《の》せられないので、情報《じょうほう》の新《あたら》しさに限界《げんかい》がある。

⑤ 次《つぎ》に来《く》る台風《たいふう》は、スピードが速《はや》いらしい。　19字《じ》

▼次《つぎ》に来《く》る台風《たいふう》は、予想《よそう》されているよりもだいぶスピードが速《はや》いらしい。

5 「述《じゅつ》」に直結《ちょっけつ》する言葉《ことば》を加《くわ》えて要約《ようやく》する

❶

① スキー場《じょう》のゆるい斜面《しゃめん》は安心《あんしん》するからこそ危険《きけん》である。25字《じ》

▼スキー場《じょう》のゆるい斜面《しゃめん》は、転《ころ》ばないだろうと安心《あんしん》するからこそ、危険《きけん》である。

解説 「転ばないだろうと」は、「述」（危険である）に直結していないため、カットします。

② プールは気《き》がゆるみやすいため危険《きけん》である。20字《じ》

▼プールというのは、波《なみ》もなく、深《ふか》さ・広《ひろ》さに限《かぎ》りがあるために気《き》がゆるみやすい。だからこそ危険《きけん》である。

解説 「波もなく、深さ・広さに限りがあるために」は、「述」（危険である）に直結していないため、カットします。

③ 暗算《あんざん》で行《おこな》うと、計算《けいさん》の足《あし》あとを残《のこ》せない分《ぶん》、どこで間違《まちが》えたのか気《き》づきにくい。36字《じ》

▼複雑《ふくざつ》な計算《けいさん》を暗算《あんざん》で行《おこな》うと、紙《かみ》で計算《けいさん》したときのように計算《けいさん》の足《あし》あとを残《のこ》せない分《ぶん》、どこで間違《まちが》えたのか気《き》づきにくい。

解説 「紙で計算したときのように」は、「残せない」に直結しています。意味上は「気づきにくい」にも結びついていますが、文の構造上は直結していません。

④ 電子書籍《でんししょせき》は、紙《かみ》の本《ほん》にみられるデメリットがないため、重宝《ちょうほう》されやすい。33字《じ》

▼電子書籍《でんししょせき》は、「重《おも》い、かさばる、場所《ばしょ》をとる」といった、紙《かみ》の本《ほん》にみられるデメリットがないため、重宝《ちょうほう》されやすい。

20・21ページ

6 抽象化《ちゅうしょうか》――〈具体《ぐたい》〉をカットする

❶

① 私《わたし》は、チームプレイの競技《きょうぎ》は苦手《にがて》だ。 17字《じ》

▼私《わたし》は、野球《やきゅう》、サッカー、バスケなどのようなチームプレイの競技《きょうぎ》は苦手《にがて》だ。

② 漢字《かんじ》というのは、同《おな》じ字《じ》でも複数《ふくすう》の読《よ》み方《かた》があることが多《おお》い。 28字《じ》

▼漢字《かんじ》というのは、直接《ちょくせつ》・直《じか》に触《さわ》る・正《しょう》直《じき》・直《なお》す・直《ただ》ちに・直向《ひたむ》き・真《ま》っ直《す》ぐ、といった具合《ぐあい》に、同《おな》じ字《じ》でも複数《ふくすう》の読《よ》み方《かた》があることが多《おお》い。

③ 外来語《がいらいご》を使《つか》えば、同《おな》じ意味《いみ》でも印象《いんしょう》を変《か》えることができる。 27字《じ》

▼外来語《がいらいご》を使《つか》えば、爪《つめ》はネイル、下着《したぎ》はアンダーウェア、飲《の》み物《もの》はドリンク、といったように、同《おな》じ意味《いみ》でも印象《いんしょう》を変《か》えることができる。

④ 元号《げんごう》は何《なん》のためにあるのかと疑問《ぎもん》に思《おも》い、調《しら》べてみた。 25字《じ》

▼昭和《しょうわ》・平成《へいせい》・令和《れいわ》といった元号《げんごう》は何《なん》のためにあるのかと疑問《ぎもん》に思《おも》い、図書館《としょかん》に行《い》ったりネット検索《けんさく》をしたりして、調《しら》べてみた。

⑤ 人口《じんこう》の多《おお》い国《くに》の状況《じょうきょう》を調《しら》べれば、世界《せかい》のさまざまな動向《どうこう》が見《み》えてくると思《おも》う。 35字《じ》

▼人口《じんこう》の多《おお》い国《くに》、たとえばインド、中国《ちゅうごく》、アメリカなどの状況《じょうきょう》を調《しら》べれば、世界《せかい》のさまざまな動向《どうこう》が見《み》えてくると思《おも》う。

⑥ ひとくちに本《ほん》と言《い》っても、サイズによってさまざまな種類《しゅるい》がある。 30字《じ》

▼ひとくちに本《ほん》と言《い》っても、サイズによって、文庫《ぶんこ》や新書《しんしょ》、単行本《たんこうぼん》、雑誌《ざっし》、あるいは

写真集《しゃしんしゅう》など、さまざまな種類《しゅるい》がある。

22・23ページ

7 抽象化《ちゅうしょうか》――〈具体《ぐたい》〉を言《い》いかえる①

❶（――は解説用《かいせつよう》に記載《きさい》）

① 同《おな》じニュース内容《ないよう》であっても、メディアによって受《う》ける印象《いんしょう》は変《か》わってくる。 35字《じ》

▼同《おな》じニュース内容《ないよう》であっても、テレビで見《み》るか、新聞《しんぶん》で読《よ》むか、あるいはネットで見《み》るかによって、受《う》ける印象《いんしょう》は変《か》わってくる。

解説　――部を「メディアによって」と言いかえます。「何で見るかによって」では、「読む」の意味をカバーできません（マイナス7点）。

② 疑問《ぎもん》は、すぐに調《しら》べることが大切《たいせつ》だよ。 18字《じ》

▼どうしてだろうと思《おも》ったことは、すぐに、検索《けんさく》したり、本《ほん》をひもといたり、資料《しりょう》を探《さぐ》ったりすることが、大切《たいせつ》だよ。

解説　二か所の――部を、それぞれ「疑問」「調べる」と言いかえます。「疑問」の部分を「不思議に思ったこと」とするのは、やや違和感があります。不思議というのは、調べても説明できないようなものごとに使う言葉です（マイナス3点）。

③ 妹《いもうと》のサヤカは、せかされるとあせってしまい、失敗《しっぱい》して逆《ぎゃく》に時間《じかん》がかかってしまうことが多《おお》かった。 45字《じ》

▼妹《いもうと》のサヤカは、早《はや》くしなさいと言《い》われるとあせってしまい、飲《の》み物《もの》をこぼしたり、計算《けいさん》を間違《まちが》えたり、忘《わす》れ物《もの》をして取《と》りに帰《かえ》ったりすることで、逆《ぎゃく》に時間《じかん》がかかってしまうことが多《おお》かった。

解説　二か所の――部を、それぞれ「せかされると」「失敗して」と言いかえます。「失敗」は「ミス」でも可。

④ にんべんは人間《にんげん》、さんずいは水《みず》というように、

部首《ぶしゅ》が意味《いみ》を表《あらわ》す漢字《かんじ》は多《おお》い。 35字《じ》

▼体・仲・住・代・偽などの字《じ》は人間《にんげん》に関《かか》わる意味《いみ》を持《も》ち、泳・池・沼・洗・汗などの字《じ》は水《みず》に関《かか》わる意味《いみ》を持《も》つ、というように、部首《ぶしゅ》が意味《いみ》を表《あらわ》す漢字《かんじ》は多《おお》い。

解説 ——部を直接的に言いかえるのではなく、意味が通じる範囲で間接的に言いかえたのが解答例です。短くするためには、こうした工夫も必要です。

⑤ 助《たす》けてもらった友《とも》だちには、感謝《かんしゃ》の気持《きも》ちをしっかり言葉《ことば》で伝《つた》えたいものだ。 35字《じ》

▼忘《わす》れた勉強道具《べんきょうどうぐ》を貸《か》してもらったり、重《おも》い荷物《にもつ》を持《も》ってもらったり、分《わ》からない問題《もんだい》を教《おし》えてもらったり。そんな友《とも》だちには、「ありがとう」という気持《きも》ちを、しっかり言葉《ことば》で伝《つた》えたいものだ。

解説「助けてもらった友だち」は、「親切な友だち」などでも可。「ありがとう」などといったセリフ調の言葉を、「感謝」などの抽象的な熟語にするのも、大切な要約のプロセスです。

24・25ページ

8 抽象化《ちゅうしょうか》——〈具体《ぐたい》〉を言《い》いかえる②

❶ （——は解説用《かいせつよう》に記載《きさい》）

① あの子《こ》は足《あし》が速《はや》いからリレーのアンカーが向《む》いている。 25字《じ》

▼あの子《こ》ってチーターみたいに足《あし》が速《はや》いから、リレーのアンカーが向《む》いてるよね。

解説「チーターみたいに」は比喩です。その比喩の意味（足が速い）は直後に書かれているため、ここでは比喩をカットするだけでほぼ答えになります。

② あの子《こ》は歌《うた》がとてもうまいため、みんなからほめられていた。 28字《じ》

別解 あの子《こ》は歌《うた》がうまいため、カラオケでみんなからほめられていた。 30字《じ》

▼あの子《こ》って歌《うた》がプロだから、この前《まえ》カラオケに行《い》ったとき、みんなからほめられてたんだよ。

解説　「歌がプロ」は、やや比喩的ですから、言いかえる必要があります。

③　夕焼《ゆうや》けが空一面《そらいちめん》に渡《わた》って赤《あか》く、見入《みい》ってしまった。　23字《じ》

別解　夕焼《ゆうや》けが不自然《ふしぜん》なほどに赤《あか》く、見入《みい》ってしまった。　23字《じ》

▼西向《にしむ》きの窓《まど》から見《み》た夕焼《ゆうや》けがまるで絵《え》の具《ぐ》で塗《ぬ》ったかのように赤《あか》く、会話《かいわ》も止《と》めて見入《みい》ってしまった。

解説　「絵の具で塗った」ような赤さとは、どのような赤さなのか。「塗る」わけなので面的であること、「絵の具」なので人工的・人為的（不自然）であることなどは推測できますが、実際に夕焼けを見てそんなふうに感じたことがないと、ちょうどよい言いかえは難しいかもしれません。国語力というのは、体験に支えられているのです。

④　前回硬《ぜんかいかた》かったからといってこのフランスパンも同《おな》じとは限《かぎ》らない。　30字《じ》

▼前回食《ぜんかいた》べたフランスパンが石《いし》みたいだったからといって、このフランスパンも同《おな》じとは限《かぎ》らないよ。

解説　「フランスパン」を二度繰り返さなくて済むように工夫します。

⑤　久《ひさ》しぶりのお祭《まつ》りでたくさん食《た》べすぎて、おなかが大《おお》きく張《は》ってしまった。　34字《じ》

▼久《ひさ》しぶりのお祭《まつ》りで、焼《や》きトウモロコシやら焼《や》きそばやらチョコバナナやら、あれこれとたくさん食《た》べすぎて、おなかが風船《ふうせん》みたいになってしまった。

解説　食べたものの具体例はカットします。風船のイメージを、抽象的に言いかえます。

⑥ 姉《あね》の描《か》く絵《え》は非常《ひじょう》にリアルだった。16字《じ》

別解 姉《あね》の描《か》く絵《え》は高《たか》いリアリティを持《も》っていた。20字《じ》

▼姉《あね》の描《か》く絵《え》は、絵《え》というより写真《しゃしん》のようで、そこに描《えが》かれた動物《どうぶつ》は今《いま》にも動《うご》き出《だ》しそうだし、人間《にんげん》は今《いま》にもしゃべり出《だ》しそうだった。

解説「写真のようだ」という表現はよく使われます。要するに「リアル」だということですから、それを忘れずに表現したいところです。リアルさを具体的に説明した後半の描写は、カットします。

26・27ページ

9 応用問題《おうようもんだい》①

① 公的《こうてき》な場面《ばめん》ではあだ名《な》で呼《よ》ぶのをやめたほうがよい。24字《じ》

別解 あだ名《な》で呼《よ》ぶのは、公的《こうてき》な場面《ばめん》ではやめたほうがよい。25字《じ》

▼公的《こうてき》な場面《ばめん》、たとえば学校《がっこう》の授業中《じゅぎょうちゅう》に先《せん》生《せい》が子《こ》どもをあだ名《な》で呼《よ》ぶのは、親《した》しみをこめる意味《いみ》があるにしても、やめたほうがよい。

解説「公的な場面」のあとに、「では」などを入れられるかどうかがポイントです。「学校の授業中に」の「に」を残して「公的な場面にあだ名で呼ぶのは」とするのは、不自然です（マイナス5点）。

② 小学校《しょうがっこう》において子《こ》どもたちは、やるべき仕事《しごと》が多《おお》すぎると思《おも》う。29字《じ》

▼小学校《しょうがっこう》において子《こ》どもたちは、給食《きゅうしょく》の準備《じゅんび》に片《かた》づけ、自分《じぶん》の教室《きょうしつ》だけでなく理科室《りかしつ》や体育館《たいいくかん》などの掃除《そうじ》、あるいはさまざまな委員会活動《いいんかいかつどう》など、いくら主体性《しゅたいせい》を高《たか》めるためとはいっても、やるべき仕事《しごと》が多《おお》すぎると思《おも》う。

③ ふまじめな子《こ》を待《ま》ち、まじめな子《こ》が待《ま》たされる

ような授業《じゅぎょう》が、よく見《み》られる。 35字《じ》

▼時刻《じこく》を守《まも》らないふまじめな子《こ》が教室《きょうしつ》にそろうまで待《ま》ち、時刻《じこく》どおりに座《すわ》っているまじめな子《こ》は待《ま》たされるような授業《じゅぎょう》というものが、よく見《み》られる。

解説 「時刻を守る・守らない」と、「まじめ・ふまじめ」とでは、後者のほうが抽象度が高いと言えます。抽象度が高い表現を残すのが要約の基本です。「時刻を守る・守らない」について書き、「まじめ・ふまじめ」について書かなかった場合は、10点減点とします。

④

(1) 勉強《べんきょう》というのは、自分《じぶん》で目標《もくひょう》を立《た》ててのぞむべきものである。 28字《じ》

(2) 勉強《べんきょう》というのは、目標《もくひょう》を他人《たにん》に決《き》められてしまうとやる気《き》が起《お》きないものだから、自分《じぶん》で目標《もくひょう》を立《た》ててのぞむべきものである。 57字《じ》

▼勉強《べんきょう》というのは、宿題《しゅくだい》のように「いついつまでに何《なん》ページ」と目標《もくひょう》を誰《だれ》か他人《たにん》に決《き》められてしまうとやる気《き》が起《お》きないものだから、自分《じぶん》で目標《もくひょう》を立《た》ててのぞむべきものである。

解説 「宿題のように……」という部分は、「目標を他人に決められてしまうこと」の具体例ですから、カットします。また、――部は、「自分で目標を立ててのぞむべきものである」という結論の、理由です。理由というのは、要約においては優先順位がやや下がります。字数に余裕があれば入れる、なければ入れない、といった判断になります。

10 28・29ページ 応用《おうよう》問題《もんだい》②

①

(1) 料理《りょうり》にはさまざまなジャンルがあるが、そのどれにも当《あ》てはまらないような料理《りょうり》も増《ふ》えている。 43字《じ》

（2）ジャンルにとらわれない料理《りょうり》が増《ふ》えている。 20字《じ》

▼料理《りょうり》には、和風《わふう》、洋風《ようふう》、中華風《ちゅうかふう》などのさまざまなジャンルがあるが、そのどれにも当《あ》てはまらないような料理《りょうり》も増《ふ》えている。

解説 まずは、「和風、洋風、中華風」という具体例をカットするのが基本です。しかし、より短くするためには、意味をつかんだ上で表現を変えるしかありません。「ジャンルにとらわれない」という表現は、よく用いられます。覚えておきましょう。

② 日本人《にほんじん》はセミの声《こえ》を聞《き》き分《わ》けるが、一部《いちぶ》の外国《がいこく》人《じん》にはただの雑音《ざつおん》にしか聞《き》こえない。 38字《じ》

▼日本人《にほんじん》はセミの声《こえ》を「ジージー」「ミンミン」「カナカナ」などというように聞《き》き分《わ》けるが、一部《いちぶ》の外国人《がいこくじん》にとっては、セミの声《こえ》はただの雑音《ざつおん》にしか聞《き》こえないらしい。

③ あの子《こ》は少《すく》ない言葉《ことば》で独自《どくじ》の表現《ひょうげん》をするので、言《い》いたいことがはっきり伝《つた》わってこないことがある。 45字《じ》

▼あの子《こ》はまるで詩《し》を読《よ》むようにしゃべるから、言《い》いたいことがはっきり伝《つた》わってこないことがあるんだよね、少《すく》ない言葉《ことば》で独《どく》自《じ》の表現《ひょうげん》したりしてて。

解説 「詩を読むようにしゃべる」というのがどういう意味なのかについては、文末に説明されています。「少ない言葉で独自の表現」、これはまさに詩のことだろう、と気づけば、さほど難しくなかったでしょう。

④ 自分《じぶん》が上手《じょうず》だからといって、苦手《にがて》な人《ひと》にそれを上手《じょうず》に教《おし》えられるとは限《かぎ》らない。 36字《じ》

別解 自身《じしん》が上手《じょうず》なことがらであっても、苦手《にがて》な人《ひと》にそれを上手《じょうず》に教《おし》えられるとは限《かぎ》らない。 39字《じ》

▼なわとびが上手《じょうず》だからといって、なわとびが苦手《にがて》な人《ひと》になわとびを上手《じょうず》に教《おし》えられるとは限《かぎ》らない。料理《りょうり》が上手《じょうず》だからといっ

て、料理《りょうり》が苦手《にがて》な人《ひと》に料理《りょうり》を上手《じょうず》に教《おし》えられるとは限《かぎ》らない。絵《え》を描《か》くのが上手《じょうず》だからといって、絵《え》が苦手《にがて》な人《ひと》に絵《え》の描《か》き方《かた》を上手《じょうず》に教《おし》えられるとは限《かぎ》らない。

解説　三つの具体例はいずれも、――部が共通しています。これらを組み合わせれば、要約は難しくありません。

11 名詞《めいし》化力《かりょく》を高《たか》める①　心情語《しんじょうご》

30・31ページ

❶

① 自信《じしん》を持《も》つ……自負《じふ》

② こわがっている……臆病《おくびょう》

③ ああすればよかった、あれは失敗《しっぱい》だった、などと、終《お》わったことを振《ふ》り返《かえ》っている……後悔《こうかい》

④ うまくいくだろうか、失敗《しっぱい》するのではないか、成功《せいこう》させなければ、などと心《こころ》がしめつけられる……プレッシャー

⑤ 自分《じぶん》の失敗《しっぱい》や弱《よわ》みを他人《たにん》に見《み》られたくない……恥《は》ずかしい

❷

① 「いいなあ、いつもテストが満点《まんてん》で」……うらやましい

② 「え?!　そんなに低《ひく》い点数《てんすう》だったの?!」……あきれる

③ 「自分《じぶん》のほうが、あいつより点数《てんすう》が上《うえ》だったぞ」……優越感《ゆうえつかん》

④ 「あなたの気持《きも》ちは、よくわかります」……共感《きょうかん》

⑤ 「そんなひどいことされたの?　かわいそうに」……同情《どうじょう》

⑥ 「迷惑《めいわく》をかけてしまったなあ」……罪悪感《ざいあくかん》

解説　共感と同情は似ていますが、同情は特に「相手のマイナスの心情」によりそうイメージがあります。

❸

①「ひとりぼっちで寂《さび》しいなあ」
……孤独感《こどくかん》・疎外感《そがいかん》

②「自分《じぶん》の仕事《しごと》だから必《かなら》ず成《な》し遂《と》げるぞ」
……責任感《せきにんかん》・使命感《しめいかん》

③「あの子《こ》、いい子《こ》だよね、声《こえ》かけてみたいな」
……親近感《しんきんかん》・好感《こうかん》

④「なんにもやる気《き》がおきないなあ」
……無気力《むきりょく》・脱力感《だつりょくかん》

解説 疎外感というのは、距離を置かれている感覚、輪の外に追いやられているような感覚を意味します。

12 32・33ページ 名詞化力《めいしかりょく》を高《たか》める② 四字熟語《よじじゅくご》

❶

① リョウタ君《くん》は親友《しんゆう》だから、言葉《ことば》で伝《つた》えなくても、すぐ僕《ぼく》の気持《きも》ちを分《わ》かってくれる。
……以心伝心《いしんでんしん》

② 写真《しゃしん》に撮《と》るのもいいけどさ、目《め》の前《まえ》のこの景色《けしき》は、一生《いっしょう》に一度《いちど》のものなんだから、あとに残《のこ》すことばかり考《かんが》えないで、その目《め》でよく見《み》たほうがいいよ。
……一期一会《いちごいちえ》

③ 部屋《へや》の掃除《そうじ》をしたら、きれいになっただけでなく、なくした指輪《ゆびわ》も見《み》つかった。
……一石二鳥《いっせきにちょう》

④ 笑顔《えがお》は人《ひと》をなごませてくれる共通語《きょうつうご》だというのは、今《いま》も昔《むかし》も、どこであっても、同《おな》じだね。
……古今東西《ここんとうざい》

⑤ けん玉《だま》で同《おな》じ技《わざ》を失敗《しっぱい》せずに千回続《せんかいつづ》けただなんて、これまでに聞《き》いたことないよ。
……前代未聞《ぜんだいみもん》

⑥ 電車《でんしゃ》の中《なか》で、まるで周《まわ》りに誰《だれ》もいないかのように大声《おおごえ》を出《だ》し、ふざけている若者《わかもの》らがいた。
……傍若無人《ぼうじゃくぶじん》

❷

① どんな本《ほん》で感動《かんどう》するかなんて、全《まった》く人《ひと》それぞれだからね。図鑑《ずかん》に感動《かんどう》する人《ひと》もいれば、辞書《じしょ》に感《かん》動《どう》する人《ひと》もいるんだよ。

……十人十色《じゅうにんといろ》

② 子《こ》どものころは目立《めだ》った能力《のうりょく》もないように思《おも》えた子《こ》が、大人《おとな》になってから頭角《とうかく》を現《あらわ》すということは、けっこうあるものだ。

……大器晩成《たいきばんせい》

③ あの子《こ》、自分《じぶん》で書《か》いた文章《ぶんしょう》について、「読《よ》み直《なお》したら感動《かんどう》した」なんて言《い》ってたよ。面白《おもしろ》いね。

……自画自賛《じがじさん》

④ 当事者《とうじしゃ》じゃない人《ひと》は、状況《じょうきょう》がよく見《み》えるから、あれこれ言《い》いたくなるもんなんだよね。

……岡目八目《おかめはちもく》

⑤ 決《き》まり切《き》ったやり方《かた》ではなく、その場《ば》その場《ば》で、最《もっと》もよい方法《ほうほう》を選《えら》んでいくほうが、いいと思《おも》うよ。

……臨機応変《りんきおうへん》

⑥ わが子《こ》のテストの点数《てんすう》の上《あ》がり下《さ》がりでいちいち気分《きぶん》が変化《へんか》しているようではいけないですよ、お母《かあ》さん。もうちょっと、どっしりとかまえてくださいね。

……一喜一憂《いっきいちゆう》

13 34・35ページ 名詞化力《めいしかりょく》を高《たか》める③ 外来語《がいらいご》

❶

① SNSというのは、発信《はっしん》すればすぐに反応《はんのう》がくるという即時性《そくじせい》があるからこそ楽《たの》しいのだが、そのせいで、あまり深《ふか》く考《かんが》えずに発信《はっしん》し、誰《だれ》かを傷《きず》つけてしまうということもある。

……リアルタイム

② このファッションショーの基本的《きほんてき》な考《かんが》え方《かた》は、「80年代《ねんだい》の最新《さいしん》ファッション」です。

……コンセプト

③ 制服《せいふく》は嫌《きら》いだという人《ひと》もいるが、制服《せいふく》を着《き》ている間《あいだ》は、自分《じぶん》が何者《なにもの》であるかという点《てん》で自分《じぶん》の存《そん》

在《ざい》に疑問《ぎもん》を抱《いだ》くこともなく、安定《あんてい》した気持《きも》ちでいられる。

……アイデンティティ

④ 最近《さいきん》では、文房具《ぶんぼうぐ》から車《くるま》まで、あらゆるものについて、あとから外形的《がいけいてき》に手《て》を加《くわ》えて好《す》きなように作《つく》り変《か》えることが増《ふ》えている。

……カスタマイズ

⑤ 誕生日《たんじょうび》というのは、やっぱり、本人《ほんにん》に知《し》らせずに本人《ほんにん》を驚《おどろ》かせるような演出《えんしゅつ》をしたいよね。

……サプライズ

❷

① ニュース記事《きじ》を自分《じぶん》のSNSで引用《いんよう》し、フォロワーに共有《きょうゆう》することはよくある。

……シェア

② このマンションの管理《かんり》をしているのはA社《しゃ》だが、このマンションを所有《しょゆう》しているのはB社《しゃ》だ。

……オーナー

③ 地球規模《ちきゅうきぼ》の視点《してん》から見《み》れば、日本語《にほんご》というのはなかなか難解《なんかい》な言語《げんご》である。

……グローバル

④ 演歌《えんか》とポップスをかけあわせて制作《せいさく》するなんて、なかなか面白《おもしろ》いね。

……コラボレーション

⑤ 時代《じだい》に合《あ》わせて価値観《かちかん》を切《き》り替《か》えていかないと、時代遅《じだいおく》れになるよ。

……シフト

⑥ あの子《こ》は、今《いま》はまだ技《わざ》が粗削《あらけず》りだけど、潜在的《せんざいてき》な能力《のうりょく》は高《たか》いから、今後《こんご》が楽《たの》しみだね。

……ポテンシャル

⑦ 流行《りゅうこう》を追《お》いかけていても、すぐにまた次《つぎ》の流行《りゅうこう》がくるから、きりがないでしょ。

……トレンド

Part 2 短《みじか》い文章《ぶんしょう》を要約《ようやく》する

（解答例中《かいとうれいちゅう》の□は解説《かいせつ》の都合《つごう》で記載《きさい》）

38・39ページ

1 ●（2文《ぶん》）対比関係《たいひかんけい》 文《ぶん》と文《ぶん》の関係《かんけい》を維持《いじ》して要約《ようやく》する①

❶

① 校庭《こうてい》にある大《おお》きなものは、校庭《こうてい》では大《おお》きく見《み》えるが、屋上《おくじょう》からは小《ちい》さく見《み》える。36字《じ》

▼ジャングルジムやのぼり棒《ぼう》など校庭《こうてい》にある大《おお》きなものは、ふだん校庭《こうてい》で見《み》ていると大《おお》きく見《み》える。でも、屋上《おくじょう》から見下《みお》ろすと、小《ちい》さく見《み》える。

解説 「アはAだが、イはB」のア・イを短くした形です。

② 台風《たいふう》や大雪《おおゆき》は被害《ひがい》を予測《よそく》できるが、地震《じしん》は予測《よそく》が難《むずか》しい。26字《じ》

▼台風《たいふう》や大雪《おおゆき》は、いつどこで被害《ひがい》が大《おお》きくなるかについて、事前《じぜん》におおむね予測《よそく》できるようになっている。それに対《たい》して、地震《じしん》は、まだまだそれが難《むずか》しいのが現状《げんじょう》だ。

解説 「アはAだが、イはB」のA・Bを、「予測できるか、できない（難しい）か」といった観点で統一します。

③ 数値《すうち》で表《あらわ》すと説得力《せっとくりょく》があるが、数値《すうち》を使《つか》わないで表現《ひょうげん》するとあまり説得力《せっとくりょく》がない。37字《じ》

別解 数値《すうち》による表現《ひょうげん》は説得力《せっとくりょく》があるが、数値《すうち》によらない表現《ひょうげん》はあまり説得力《せっとくりょく》がない。36字《じ》

▼「今日《きょう》は気温《きおん》が三十度《さんじゅうど》で暑《あつ》い」「金額《きんがく》は五万円《ごまんえん》で高《たか》い」などと数値《すうち》で表《あらわ》すと説得力《せっとくりょく》

がある。しかし、「今日《きょう》はすごく暑《あつ》い」「金《きん》額《がく》がすごく高《たか》い」などというように数値《すうち》を使《つか》わないで表現《ひょうげん》すると、あまり説得力《せっとくりょく》がない。

解説 具体例をカットすれば、「アはAだが、イはB」の形が見えてきます。

④

（1） 数値化《すうちか》が有益《ゆうえき》なこともあるが、有害《ゆうがい》なこともある。 23字《じ》

（2） 症状《しょうじょう》を理解《りかい》する上《うえ》で数値化《すうちか》が有益《ゆうえき》なこともあるが、有害《ゆうがい》なこともある。 32字《じ》

▼たとえば、頭《あたま》が痛《いた》いときに、「どのくらい痛《いた》いの？　十段階《じゅうだんかい》でどのくらい？」「うーん、八《はち》くらい」などといったやりとりをして、それが実際《じっさい》に症状《しょうじょう》を理解《りかい》する上《うえ》で有《ゆう》益《えき》になることもある。しかし、本人《ほんにん》が八《はち》と言《い》ったからといって実《じつ》はたいしたことがないとか、逆《ぎゃく》に二《に》と言《い》っていたけれど危《あぶ》ない病気《びょうき》の前触《まえぶ》れだったとか、そういうことは十分《じゅうぶん》あり、有益《ゆうえき》どころかむしろ有害《ゆうがい》な場合《ばあい》もある。

解説 一つ前の③が意識にあれば、「数値化」などという言葉も浮かびやすかったはずです。「アはAだが、イはB」のA・Bは、今回は「有益・有害」です。反対語を覚えておくことが、要約には不可欠です。

40・41ページ

2 ●（2文《ぶん》）対比関係《たいひかんけい》 文《ぶん》と文《ぶん》の関係《かんけい》を維持《いじ》して要約《ようやく》する②

❶

① テストというのは、子《こ》どもよりもむしろ教師《きょうし》の能力《のうりょく》を測《はか》るために行《おこな》うものである。 37字《じ》

別解 テストとは、子《こ》どもの学力《がくりょく》よりもむしろ教師《きょうし》の指導力《しどうりょく》を測《はか》るために行《おこな》うものである。 38字《じ》

▼テストというのは、一般《いっぱん》には、教師《きょうし》が子《こ》どもの学力《がくりょく》を測《はか》るものだと思《おも》われている。

しかし実際《じっさい》には、どの子《こ》がどの程度《ていど》できたかとか、クラス全体《ぜんたい》の点数《てんすう》がどの程度《ていど》取《と》れているかとか、そういった結果《けっか》を見《み》ることによって、むしろ教師自身《きょうしじしん》がその指導力《しどうりょく》をチェックし反省材料《はんせいざいりょう》にする、そのために行《おこな》うのである。

解説　「しかし実際には」の前後に対比を見つけ、「アはAよりもむしろB」といった逆説の型に整えられるかどうかがポイントです。そして、「誰の力を測るのか」という観点で統一し、A・Bを埋めます。

——部は長いため、言葉を削ります。

② においの記憶《きおく》というのは一過性《いっかせい》のものではなく、むしろ長《なが》く続《つづ》くものである。35字《じ》

▼においは目《め》に見《み》えないものであり、いいにおいでもくさいにおいでも、そのにおいの記憶《きおく》というのは一過性《いっかせい》のものだと思《おも》われがちだ。しかし実際《じっさい》には、しばらくあとで同《おな》じにおいをかぐと、そのときの記憶《きおく》がはっきり呼《よ》び起《お》こされることも多《おお》く、むしろ長《なが》く続《つづ》き、記憶《きおく》に刻《きざ》まれるものだと言《い》えるだろう。

解説　「しかし実際には」の前後に対比を見つけ、「アはAではなく、むしろB」といった逆説の型に整えられるかどうかがポイントです。そして、時間的な観点で統一し、A・Bを埋めます。「ではなく」を「よりも」にしても問題はありません。「一過性のものというよりも、むしろ長く続くもの」など。

42・43ページ

3 ●(2文)因果《いんが》関係《かんけい》　文《ぶん》と文《ぶん》の関係《かんけい》を維持《いじ》して要約《ようやく》する③

1

① 鏡《かがみ》が汚《よご》れていたため、顔《かお》も汚《よご》れて見《み》えた。19字《じ》

▼洗面所《せんめんじょ》の鏡《かがみ》が、指紋《しもん》や水滴《すいてき》でだいぶ汚《よご》れていた。そのせいで、そこに映《うつ》した顔《かお》も、汚《よご》れて見《み》えてしまった。

解説 「そのせいで」を「ため」などにして、つなげます。「鏡が汚れていたせいで」とするのも可。

② 授業中《じゅぎょうちゅう》眠《ねむ》かったため、文字《もじ》が乱《みだ》れた。17字《じ》

▼体育《たいいく》のあとの授業中《じゅぎょうちゅう》、眠《ねむ》くて眠《ねむ》くてどうしようもなかった。それで、鉛筆《えんぴつ》の文字《もじ》が、ミミズの足跡《あしあと》みたいになってしまった。

解説 「眠くて眠くてどうしようもなかった」は、単に「眠かった」とします。「ミミズの足跡みたいになってしまった」という比喩は、「乱れた」とします。「それで」を「ため」などにして、つなげます。

③ 母《はは》に言《い》われる前《まえ》に行動《こうどう》したので、母《はは》にほめられた。23字《じ》

▼今日《きょう》は、母《はは》に言《い》われる前《まえ》に部屋《へや》のかたづけをして、勉強《べんきょう》に取《と》りかかった。そのおかげで、母《はは》にとてもほめられた。

解説 「部屋のかたづけをして、勉強に取りかかった」は具体的なので、「行動した」とします。「そのおかげで」を「ので」などにして、つなげます。なお、「ため」はやや客観的（理性的）、「ので」「から」はやや主観的（感覚的）な印象を持ちます。

④ 図書室《としょしつ》で騒《さわ》いでいる子《こ》たちに大声《おおごえ》で注意《ちゅうい》したところ、その声《こえ》を先生《せんせい》から注意《ちゅうい》されてしまった。42字《じ》

▼図書室《としょしつ》で騒《さわ》いでいる子《こ》たちがいたため、図書室《としょしつ》では静《しず》かにして、と大《おお》きな声《こえ》で注意《ちゅうい》した。すると、その私《わたし》の声《こえ》を聞《き》いた先生《せんせい》から、「静《しず》かにして」と言《い》われてしまった。

解説 「注意した。すると……」は、「注意したところ」などとつなげます。「静かにしてと言われて」は、「注意されて」などとします。

⑤ 母《はは》は仕事《しごと》で頭《あたま》がいっぱいだったため、兄弟《きょうだい》げんかをしても叱《しか》られなかった。34字《じ》

▼兄弟《きょうだい》げんかをしてしまったが、母《はは》に叱《しか》られなかった。母《はは》は、明日《あす》の仕事《しごと》で会議《かいぎ》の司《し》会《かい》をするらしく、そのことで頭《あたま》がいっぱい

だったようだ。

解説 「結果→原因」の順で書かれた文章を、「原因→結果」の順にしてつなげます。「してしまったが」は、「しても」などとします。

⑥ 水泳帽《すいえいぼう》を忘《わす》れたためにほとんど見学《けんがく》しかできず、楽《たの》しいはずの水泳《すいえい》の授業《じゅぎょう》がつまらなくなってしまった。 47字《じ》

▼いつもは楽《たの》しいはずの水泳《すいえい》の授業《じゅぎょう》が、今日《きょう》はとてもつまらなくなってしまった。というのも、水泳帽《すいえいぼう》を忘《わす》れてしまったため、ほとんどプールサイドで見学《けんがく》することしかできなかったからだ。

解説 ⑤と同様、「結果→原因」の順で書かれた文章を、「原因→結果」の順にしてつなげます。「というのも」は、「なぜなら」と同様の働きをすることが多い表現です。

4 ●(2文《ぶん》)因果関係《いんがかんけい》 文《ぶん》と文《ぶん》の関係《かんけい》を維持《いじ》して要約《ようやく》する④

❶

① 新聞《しんぶん》は、記事《きじ》の重要度《じゅうようど》をつかんだり、関心《かんしん》のない記事《きじ》に目《め》を向《む》けたりするために、大《おお》きな新聞紙《しんぶんし》の状態《じょうたい》で読《よ》むことをおすすめする。 59字《じ》

▼新聞《しんぶん》は、今《いま》やインターネットを介《かい》してスマホでも読《よ》める時代《じだい》だが、やはり、大《おお》きな新聞紙《しんぶんし》の状態《じょうたい》で読《よ》むことをおすすめする。なぜなら、文字《もじ》のサイズや記事《きじ》の面積《めんせき》の大《だい》小《しょう》で記事《きじ》の重要度《じゅうようど》を一目《ひとめ》でつかむことができるし、ふだんはあまり読《よ》もうと思《おも》わないような記事《きじ》にも目《め》を向《む》けやすくなるからだ。

解説 このページあたりから、表現の細かな変更が多くなるため、元の文に――を引くかどうか、影や囲みマークをつけるかどうかは、これまで以上に「ケースバイケース」となります。

「ふだんはあまり読もうと思わないような記事」は、「関心のない記事」あるいは「興味のない記事」などとします。

「アはA。なぜなら1」という文章を、「アは1のためA」として要約した形です。元の文の後半は、「なぜなら」を用いて「理由」として説明されていますが、「記事の重要度をつかんだり、関心のない記事に目を向けたりする」ことを「目的」とみて「ため」でつないで表現するほうが、すっきりまとめられます。このように、理由と目的は内容が近いことがありますので、覚えておきましょう。

② 人間《にんげん》は、身体《しんたい》の距離《きょり》が心《こころ》の距離《きょり》につながるため、対面《たいめん》でのコミュニケーションが人間関係《にんげんかんけい》の基本《きほん》である。 47字《じ》

▼コロナ禍《か》を経《へ》て、オンラインでコミュニケーションをとることが当《あ》たり前《まえ》になってしまったが、やはり、直接人《ちょくせつひと》と人《ひと》とが向《む》き合《あ》ってコミュニケーションをとるのが、人《にん》間関係《げんかんけい》の基本《きほん》である。というのも、人間《にんげん》は、身体《しんたい》の距離《きょり》がそのまま心《こころ》の距離《きょり》につながるからである。

解説 「直接人と人とが向き合って」は、「対面」とします。「というのも」は、「なぜなら」と同様の働きをしています。

③ スポーツの世界大会《せかいたいかい》には多《おお》くの国民《こくみん》が注目《ちゅうもく》しており、そこに「常識《じょうしき》」が生《う》まれ、その常識《じょうしき》をもとに価値判断《かちはんだん》がなされるようになるので、関心《かんしん》を持《も》って見《み》るべきである。 75字《じ》

▼オリンピックはもちろん、サッカーのワールドカップ、野球《やきゅう》のWBCなど、スポーツの世界大会《せかいたいかい》について、「興味《きょうみ》がないんだから、見《み》なくていいでしょ」などと言《い》う人《ひと》がいるが、やはり積極的《せっきょくてき》に興味《きょうみ》・関心《かんしん》を持《も》って見《み》るべきだろう。世界大会《せかいたいかい》には多《おお》くの国民《こくみん》が注目《ちゅうもく》しているため、そこに「常識《じょうしき》」が生《う》まれ、その常識《じょうしき》をもとに、世間《せけん》でさまざ

まな価値判断《かちはんだん》がなされるようになるのである。

解説 「注目しているため」を「注目しており」にすることで、そのあとの「なるので」の部分で違和感を覚えないようにしています（〜ため〜ので、と続かないようにする工夫）。

46〜51ページ

5 複数《ふくすう》の文《ぶん》で要約《ようやく》する①

❶

① 将棋《しょうぎ》はコマに個性《こせい》があるため、子《こ》どもが興味《きょうみ》を持《も》ちやすいが、囲碁《いご》は石《いし》に個性《こせい》がないため、子《こ》どもは興味《きょうみ》を持《も》ちにくい。だから、将棋《しょうぎ》より囲碁《いご》のほうが、学校《がっこう》の部活《ぶかつ》としては少《すく》ないと考《かんが》えられる。

88字《じ》

▼将棋《しょうぎ》は、「角《かく》」は斜《なな》め、「飛車《ひしゃ》」はまっすぐ、「桂馬《けいま》」はジャンプ、などというようにコマに個性《こせい》があるため、子《こ》どもが興味《きょうみ》を持《も》ちやすい。一方《いっぽう》、囲碁《いご》は、そこに白《しろ》と黒《くろ》の石《いし》があるだけであり、子《こ》どもは興味《きょうみ》を持《も》ちにくいかもしれない。だから、将棋《しょうぎ》より囲碁《いご》のほうが、学校《がっこう》の部活《ぶかつ》としては少《すく》ないのではないかと考《かんが》えられる。

解説 ヒントページ（54ページ）参照

② 遠《とお》くの街《まち》には未知《みち》の世界《せかい》があり、新《あたら》しい発見《はっけん》を得《え》やすいが、近場《ちかば》には既知《きち》の世界《せかい》しかなく、新《あたら》しい発見《はっけん》は得《え》にくい。だからこそ逆《ぎゃく》に、あえて近場《ちかば》に出《で》かけるほうが、新《あたら》しい何《なに》かを発見《はっけん》するための目《め》を養《やしな》うことができる。

98字《じ》

▼新幹線《しんかんせん》や飛行機《ひこうき》にでも乗《の》って遠《とお》くの街《まち》へ出《で》かければ、そこには日常《にちじょう》とは異《こと》なる未知《みち》の世界《せかい》が広《ひろ》がっているのだから、新《あたら》しい発《はっ》見《けん》を容易《ようい》に得《え》られるだろう。一方《いっぽう》、自分《じぶん》が住《す》んでいる町《まち》の公園《こうえん》や施設《しせつ》など、近場《ちかば》に出《で》かけるだけだと、そこにはふだん見慣《みな》れた光景《こうけい》しかないわけで、そこで新《あたら》しい何《なに》かを

発見《はっけん》するというのは、なかなか難《むずか》しい。だからこそ逆《ぎゃく》に、あえて近場《ちかば》に出《で》かけるほうが、新《あたら》しい何《なに》かを発見《はっけん》するための目《め》を養《やしな》うことができるのではないか。

解説　ヒントページ（54ページ）参照

③

（1）春《はる》は環境《かんきょう》の変化《へんか》が多《おお》く気持《きも》ちがゆらぐが、秋《あき》は環境《かんきょう》の変化《へんか》は少《すく》なく気持《きも》ちのゆらぎも少《すく》ないため、私《わたし》は春《はる》よりも秋《あき》のほうが好《す》きだ。　59字《じ》

（2）秋《あき》は春《はる》よりも環境《かんきょう》の変化《へんか》による気持《きも》ちのゆらぎが少《すく》ないため、私《わたし》は秋《あき》のほうが好《す》きだ。　39字《じ》

▼春《はる》には、卒業式《そつぎょうしき》も入学式《にゅうがくしき》もある。学年《がくねん》が切《き》り替《か》わる。大人《おとな》は、職場《しょくば》が変《か》わる人《ひと》もいる。そんなふうに、春《はる》というのは別《わか》れと出《で》会《あ》いが多《おお》く、不安《ふあん》と期待《きたい》に包《つつ》まれている。一方《いっぽう》、秋《あき》は、夏《なつ》の活発《かっぱつ》さがなくなって寂《さび》しさも出《で》てくるけれど、春《はる》のような環境《かんきょう》の変《へん》化《か》は少《すく》ないから、気持《きも》ちのゆらぎも少《すく》ない。その意味《いみ》で、私《わたし》は春《はる》よりも秋《あき》のほうが好《す》きだ。

解説　ヒントページ（55ページ）参照

52・53ページ

6 複数《ふくすう》の文《ぶん》で要約《ようやく》する②

1

①ルールというのは、守《まも》らない少数派《しょうすうは》こそが大事《だいじ》である。というのも、あらゆるルールは、そのルールに不満《ふまん》を持《も》つ少数派《しょうすうは》が声《こえ》を上《あ》げればこそ、改《かい》善《ぜん》・改良《かいりょう》され、そこによりよい社会《しゃかい》がつくられていくからである。　95字《じ》

▼ルールというのは通常《つうじょう》、多数決《たすうけつ》で決《き》められるものであるため、それを守《まも》らない少数《しょうすう》派《は》が悪者扱《わるものあつか》いされる。しかし実際《じっさい》には、ルールというのは、守《まも》らない少数派《しょうすうは》こそが大《だい》事《じ》なのではないか。というのも、学校《がっこう》の校《こう》則《そく》やスポーツのルール、その他《た》の公的《こうてき》・私《し》

的《てき》なあらゆるルールは、そのルールに不満《ふまん》を持《も》つ少数派《しょうすうは》が声《こえ》を上《あ》げればこそ、改善《かいぜん》・改良《かいりょう》され、そこによりよい社会《しゃかい》がつくられていくからである。髪《かみ》の色《いろ》、服装《ふくそう》、持《も》ち物《もの》などについて、生徒《せいと》に対《たい》し過剰《かじょう》な規制《きせい》を行《おこな》う「ブラック校則《こうそく》」などと呼《よ》ばれるルールが改善《かいぜん》されていくのはその好例《こうれい》だろうし、野球《やきゅう》やサッカーなどの競技《きょうぎ》におけるルールがさまざまに変化《へんか》・進化《しんか》していくのも、その大切《たいせつ》な例《れい》だろう。

解説 ヒントページ（55ページ）参照

56・57ページ

7 複数《ふくすう》の文《ぶん》で要約《ようやく》する③

❶

① 電子書籍《でんししょせき》が物《もの》としての実体《じったい》を持《も》たないことはメリットにつながっていると思《おも》われているが、実際《じっさい》にはむしろ大《おお》きなデメリットにつながっている。

というのも、本《ほん》が物《もの》としての実体《じったい》を持《も》たないと、本《ほん》の中《なか》の余白《よはく》を含《ふく》んだ全体像《ぜんたいぞう》を物理的《ぶつりてき》に視覚《しかく》でとらえること、および物理的《ぶつりてき》な輪郭《りんかく》や重量感《じゅうりょうかん》を触覚《しょっかく》でとらえることができず、結果的《けっかてき》に、言葉《ことば》の奥《おく》にある意味《いみ》の重《おも》みが失《うしな》われてしまうのである。

173字《じ》

▼キンドルなどの電子書籍《でんししょせき》は、本棚《ほんだな》の場所《ばしょ》をとらないとか、何冊分《なんさつぶん》でも持《も》ち運《はこ》んでいつでも読《よ》めるとか、物《もの》としての実体《じったい》を持《も》たないがゆえにメリットがあると思《おも》われている。

しかし実際《じっさい》には、物《もの》としての実体《じったい》を持《も》たないことが、むしろ大《おお》きなデメリットにつながっている。

たとえば「あのときは申《もう》し訳《わけ》ありませんでした」というお詫《わ》びのメッセージが手紙《てがみ》で届《とど》くのと、メールで届《とど》くのとでは、言葉《ことば》の重《おも》みが違《ちが》う。その手紙《てがみ》が手書《てが》きでなく活字《かつじ》であっても、だ。

また、自己紹介《じこしょうかい》を紙《かみ》の名刺《めいし》で受《う》け取《と》るのと、メールの署名《しょめい》で受《う》け取《と》るのとでは、その人間《にんげん》の存在感《そんざいかん》が変《か》わるはずだ。

あるいは、レストランのメニュー表《ひょう》が紙《かみ》をめくる形《かたち》でなくスマホ上《じょう》でスクロールする形《かたち》だったら、ちゃんと悔《く》いなく選《えら》べたのかどうか、不安《ふあん》になるだろう。見逃《みのが》しがある感《かん》じがするからだ。

そして、本《ほん》に話《はなし》を戻《もど》せば、その本《ほん》を読《よ》み終《お》えたとき、本当《ほんとう》に「読《よ》み終《お》えた」と思《おも》えるのは、紙《かみ》だろうか、電子《でんし》だろうか。言《い》わずもがなである。

要《よう》するに、電子的《でんしてき》な文字列《もじれつ》は、その言葉《ことば》の奥《おく》にある意味《いみ》の重《おも》みを失《うしな》わせる。余白《よはく》を含《ふく》んだ全体像《ぜんたいぞう》を物理的《ぶつりてき》に視覚《しかく》でとらえること、それと同時《どうじ》に、物理的《ぶつりてき》な輪郭《りんかく》や重量感《じゅうりょうかん》を触覚《しょっかく》でとらえることが、本来《ほんらい》、その「重《おも》み」を生《う》んでいたことに、気《き》づかされるのである。物《もの》としての実体《じったい》を持《も》つということは、そうした気《き》づきにくいところで、価値《かち》を生《う》んでいたわけだ。

解説　ヒントページ（58ページ）参照

60・61ページ

8 部分要約《ぶぶんようやく》（つまりどういうことか）

❶

① 原理《げんり》を知《し》らなくても、技術《ぎじゅつ》を活用《かつよう》することはできる。24字《じ》

（解答例中《かいとうれいちゅう》の□は解説《かいせつ》の都合《つごう》で記載《きさい》）

▼私《わたし》たちは、エアコンによる冷却《れいきゃく》の仕組《しく》みを知《し》らなくても、そのエアコンを使《つか》い、部《へ》屋《や》を快適《かいてき》に保《たも》つことができる。

また、離《はな》れた場所《ばしょ》の映像《えいぞう》と音声《おんせい》を、自宅《じたく》にいながらテレビで視聴《しちょう》できる理由《りゆう》を知《し》らなくても、そのテレビを見《み》て、さまざまな情報《じょうほう》を得《え》ることができる。

そして、電子《でんし》レンジで飲食物《いんしょくぶつ》を温《あたた》める技《ぎ》

術《じゅつ》について知《し》らなくても、その電子《でんし》レンジを用《もち》いて飲食物《いんしょくぶつ》を温《あたた》めることができる。
つまり、私《わたし》たちは、（　　　　。）
それと同《おな》じように、算数《さんすう》の公式《こうしき》も、なぜそういう式《しき》で計算《けいさん》できるのかについて知《し》らなくても、公式《こうしき》を使《つか》って文章題《ぶんしょうだい》を解《と》くようなことはできる。

解説　空欄の少しあとに、「にもかかわらず、小学校における算数の授業は、必要以上にその原理をゼロから考えさせようとする」とあります。ここから、「原理」という言葉が引き出せるでしょう。また、終盤には、「もっと大切なのは、その知識・技術を活用して新時代を築くことなのではないか」とあります。ここから、「技術を活用」という言葉を引き出すことができます。なお、「原理を知らなくても、家電製品の技術を活用できる。」と家電に限定しても可。

9 部分要約《ぶぶんようやく》（「それ」とは何《なに》か①）

62・63ページ

❶

① ものごとは、同《おな》じ基準《きじゅん》でくらべたときに初《はじ》めてその違《ちが》いがはっきりするため、画一的《かくいってき》だと言《い》われる多《おお》くのものごとは、むしろ多様性《たようせい》を見出《みいだ》すきっかけになるという考《かんが》え。76字《じ》

解説　まずは、ヒントページ（67ページ）を参照してください。その上で、以下、補足します。

同《おな》じ本《ほん》を指定《してい》するからこそ、
　個人《こじん》による読《よ》みの深《ふか》さの違《ちが》いや
　アプローチの独自性《どくじせい》に気《き》づける
同《おな》じ事件《じけん》について伝《つた》えるからこそ、
　テレビ局《きょく》ごとの伝《つた》え方《かた》の
　違《ちが》いが分《わ》かる
同《おな》じスタート地点《ちてん》から同《おな》じゴール地点《ちてん》まで
同時《どうじ》に同《おな》じ方向《ほうこう》へ走《はし》る、
つまり基準《きじゅん》をそろえるからこそ、
　そこに能力差《のうりょくさ》が見出《みいだ》せる

右に示す具体例の中で、——部だけ、抽象的な説明になっています。具体例が続くと意味がとらえにくくなるため、このような抽象的な説明がさしはさまれることは、よくあります。それを見逃さないようにしましょう。

　また、指示語の内容を要約する場合、指示語の「あと」に続く内容もヒントになることが多いことを覚えておきましょう。今回は次のようになっています。


　このように考《かんが》えると、個性《こせい》というものは、「みんなが同《おな》じことをする」ことからこそ生《しょう》じるという逆説《ぎゃくせつ》が成《な》り立《た》つだろう。

解答例を利用して指示語に当てはめると、

「画一的《かくいってき》なものごとは多様性《たようせい》を見出《みいだ》すきっかけになる」

そう考《かんが》えると、

「個性《こせい》とはみんなが同《おな》じことをするからこそ生《しょう》じるという逆説《ぎゃくせつ》が成《な》り立《た》つ」

というつながりになります。

64～66ページ

10 部分要約《ぶぶんようやく》（「それ」とは何《なに》か②）

❶

①「ごめんなさい」は元来《がんらい》「ゆるしてください」であり、「ゆるして」は「ゆるくして」であり、それは「私《わたし》をラクにして」ということである、という由来《ゆらい》。70字《じ》

▼謝《あやま》るときに使《つか》う「ごめんなさい」は、元《がん》来《らい》「ご免《めん》なさい」であり、それは「自分《じぶん》をゆるしてください」という意味《いみ》である。「免《めん》」には、「自由《じゆう》にする」「ゆるす」といった意味《いみ》がある。
　何《なに》かを手伝《てつだ》ってもらったときに「あ、ごめん」などと口《くち》にすることがあるが、それは、手伝《てつだ》わせるという迷惑《めいわく》をかけた自分《じぶん》を

ゆるしてください、責《せ》めないでください、ということだ。「ゆるす」とは元来《がんらい》、「ゆるくする」ことである。ならば「ゆるして」とは「ゆるくして」ということであり、要《よう》は、「私《わたし》を」ラクにしてくださいということだ。ということは、やはり「自分《じぶん》」のための行為《こうい》なのではないか。

こうした言葉《ことば》の由来《ゆらい》をもとに考《かんが》えると、ふと思《おも》い当《あ》たることがある。

解説 ヒントページ（68ページ）参照

② 循環器科《じゅんかんきか》の医師《いし》は、胸《むね》の痛《いた》みの原因《げんいん》が循環器《じゅんかんき》・呼吸器《こきゅうき》・消化器《しょうかき》・筋肉《きんにく》・精神《せいしん》などのどれなのかを判別《はんべつ》する必要《ひつよう》があり、歯科医《しかい》は、口《くち》の中《なか》の環境《かんきょう》が悪化《あっか》すると多《おお》くの外科《げか》・内科領域《ないかりょういき》に影響《えいきょう》が出《で》ることを知《し》る必要《ひつよう》がある、といった状況《じょうきょう》。 104字《じ》

▼たとえば、循環器科《じゅんかんきか》の医師《いし》は、患者《かんじゃ》が訴《うった》える胸《むね》の痛《いた》みの原因《げんいん》が心臓《しんぞう》など循環器由来《じゅんかんきゆらい》なのか、肺《はい》など呼吸器由来《こきゅうきゆらい》なのか、胃《い》や食道《しょくどう》など消化器由来《しょうかきゆらい》なのか、胸《むね》の筋肉由来《きんにくゆらい》なのか、はたまた精神《せいしん》に由来《ゆらい》するのか、などといった判別《はんべつ》をしなければならない。また、歯科医《しかい》は、口《くち》の中《なか》の環境《かんきょう》が悪化《あっか》すると多《おお》くの外科領域《げかりょういき》、内科領域《ないかりょういき》に影響《えいきょう》が出《で》ることを知《し》っている必要《ひつよう》がある。

そういった状況《じょうきょう》の中《なか》で、医師《いし》は、専門分野《せんもんぶんや》とは異《こと》なる多様《たよう》な知識《ちしき》・技術《ぎじゅつ》を身《み》につけることになるわけだ。

解説 ヒントページ（69ページ）参照

Part 3

長《なが》い文章《ぶんしょう》を要約《ようやく》する

1 対比《たいひ》を整理《せいり》し、主張《しゅちょう》と理由《りゆう》を見抜《みぬ》く①

72～77ページ

❶

① この文章《ぶんしょう》は、本《ほん》を買《か》ってからA（すぐ読《よ》む）ことと、本《ほん》をB（あとで読《よ》む）ことを対比《たいひ》している。

② B

③ 本《ほん》というのは、（いつでも読《よ》める状態《じょうたい》にしておくこと）こそが大切《たいせつ》だから。

別解 本《ほん》というのは、（あとで読《よ》みたくなったときに読《よ》みたい本《ほん》を手《て》に取《と》れる状態《じょうたい》にしておくこと）こそが大切《たいせつ》だから。

④

解答例1 本《ほん》というのは、買《か》ってすぐ読《よ》まずにあとで読《よ》むのも悪《わる》くない。なぜなら、いつでも読《よ》める状態《じょうたい》にしておくことこそが大切《たいせつ》だからだ。そう考《かんが》えると、積《つ》ん読《どく》は合理的《ごうりてき》だ。 75字《じ》

解答例2 本《ほん》というのは、買《か》ってすぐ読《よ》むことよりも、あとで読《よ》みたくなったときに読《よ》みたい本《ほん》を手《て》に取《と》れる状態《じょうたい》にしておくことを重視《じゅうし》すべきだから、積《つ》ん読《どく》は合理的《ごうりてき》である。 74字《じ》

解答例3 本《ほん》というのは、買《か》ってすぐ読《よ》むかどうかよりも、あとで読《よ》みたくなったときに読《よ》みたい本《ほん》を手《て》に取《と》れる状態《じょうたい》かどうかが大切《たいせつ》であり、積《つ》ん読《どく》は合理的《ごうりてき》なことである。 73字《じ》

▼あなたは、本《ほん》を買《か》ったあと、どうしているだろうか。本当《ほんとう》に興味《きょうみ》のある本《ほん》ならば、買《か》ってすぐ読《よ》んでしまうだろうが、一応《いちおう》買《か》っておこう、といった程度《ていど》の興味《きょうみ》であれば、買《か》ったあとで読《よ》まずに放置《ほうち》し、いわゆる「積《つ》ん読《どく》」をしがちである。そうなると、日《ひ》がたつにつれて、「早《はや》く読《よ》まなきゃ」などと、ちょっとした罪悪感《ざいあくかん》を覚《おぼ》えることもあるだろう。

しかし、買《か》ってすぐに読《よ》むことが常《つね》に大切《たいせつ》であるとも言《い》い切《き》れない。本《ほん》というのは、いつでも読《よ》める状態《じょうたい》にしておくこと、自分《じぶん》の本棚《ほんだな》を書店《しょてん》か図書室《としょしつ》のようにして、あとで読《よ》みたくなったときに読《よ》みたい本《ほん》を手《て》に取《と》れる状態《じょうたい》にしておくことこそが、大切《たいせつ》なのではないか。

そう考《かんが》えると、積《つ》ん読《どく》というのは合理的《ごうりてき》なことであるようにも思《おも》えてくる。

解説　主に——部を利用してまとめます。一般にはよくないこととされている「積ん読」にも価値があるのだ、という逆説的メッセージが伝わるようにまとめる必要があります。

なお、「すぐ読むこと」を否定しているわけではないので、書き方に注意しなければなりません。「すぐ読むのではなく」「すぐ読むことをやめ」などと、強く否定した場合は、10点減点。

❷

① この文章《ぶんしょう》は、ユーチューバーやeスポーツ選手《せんしゅ》がA（職業《しょくぎょう》と言《い》える）か、B（職業《しょくぎょう》と言《い》えない）かを対比《たいひ》している。

② A

③

1 （社会《しゃかい》への貢献度《こうけんど》）に疑問《ぎもん》があるのかもしれないが——

・ユーチューバーは、その（個性《こせい》）によって、視聴者《しちょうしゃ》・ファンを魅了《みりょう》している。

・eスポーツ選手《せんしゅ》は、視聴者《しちょうしゃ》に（感動《かんどう》）と（勇気《ゆうき》）と（生《い》きる意欲《いよく》）を与《あた》えている。

2 媒体《ばいたい》や対象《たいしょう》の（無形性《むけいせい》）への拒否感《きょひかん》があるのかもしれないが――

・それを否定《ひてい》するのなら、心理《しんり》カウンセラーや教師《きょうし》なども（無形性《むけいせい》）があり、否定《ひてい》することになってしまう。

・職業《しょくぎょう》の枠組《わくぐ》みというのは、そもそも（流動的《りゅうどうてき》）だ。

・（実体《じったい》）のない労働《ろうどう》も職業《しょくぎょう》である。

④ ユーチューバーやeスポーツ選手《せんしゅ》は職業《しょくぎょう》ではないという声《こえ》がある。社会《しゃかい》への貢献度《こうけんど》に疑問《ぎもん》があるのかもしれないが、ユーチューバーは、テレビの芸能人《げいのうじん》らと同様《どうよう》、その個性《こせい》によって視聴者《しちょうしゃ》・ファンを魅了《みりょう》しているし、eスポーツ選手《せんしゅ》は、視聴者《しちょうしゃ》に感動《かんどう》と勇気《ゆうき》と生《い》きる意欲《いよく》を与《あた》えているのだから、どちらも社会《しゃかい》に貢献《こうけん》していると言《い》える。また、どちらも、媒体《ばいたい》や対象《たいしょう》の無形性《むけいせい》への拒否感《きょひかん》があるのかもしれないが、それを否定《ひてい》するのなら、心理《しんり》カウンセラーや教師《きょうし》なども無形性《むけいせい》があり、否定《ひてい》することになってしまう。職業《しょくぎょう》の枠組《わくぐ》みというのは、そもそも流動的《りゅうどうてき》であり、実体《じったい》のない労働《ろうどう》も職業《しょくぎょう》だと言《い》えるはずだ。このように考《かんが》えると、ユーチューバーやeスポーツ選手《せんしゅ》も職業《しょくぎょう》であると認《みと》められるだろう。 313字《じ》

解説 長文では、影（　）をつけると影だらけになってしまうため、ここからは、要約の際に活用できる部分に――を引く形で示します。

▼将来《しょうらい》の夢《ゆめ》として、「ユーチューバー」(YouTuber)を挙《あ》げる子《こ》が多《おお》いらしい。けっこうなことではないかと思《おも》う。だが、そんなの職業《しょくぎょう》じゃないでしょ、などと決《き》めつける大人《おとな》も、まだまだ多《おお》いようだ。

たしかに、よほど成功《せいこう》しない限《かぎ》り、それによって稼《かせ》ぎを得《え》るのは難《むずか》しい。

そういえば、ごく最近《さいきん》では、eスポーツという新《しん》ジャンルが開拓《かいたく》され始《はじ》めている。

【eスポーツ】主《おも》に対戦型《たいせんがた》のコンピューターゲームで行《おこな》われる競技《きょうぎ》のこと。高度《こうど》な技能《ぎのう》を競《きそ》うコンピューターゲームをスポーツ競技《きょうぎ》の一種《いっしゅ》と見《み》なしたもので、アジアや欧米《おうべい》ではプロリーグが存在《そんざい》する。
(デジタル大辞泉《だいじせん》)

「eスポーツ選手《せんしゅ》」については、ユーチューバー以上《いじょう》に「そんなの職業《しょくぎょう》ではない」と考《かんが》える大人《おとな》が多《おお》いはずだ。こちらも、稼《かせ》ぎを得《え》るのは今《いま》のところ容易《ようい》ではない。

なぜ、こうした仕事《しごと》について「職業《しょくぎょう》ではない」という声《こえ》が上《あ》がるのだろう。

どれだけ稼《かせ》げるかだけでなく、どれだけ社会《しゃかい》に貢献《こうけん》しているかという見方《みかた》があるのかもしれない。果《は》たして、その点《てん》ではどうなのだろうか。

ユーチューバーの社会《しゃかい》への貢献度《こうけんど》は、かなりのものだろう。一見役《いっけんやく》に立《た》っていないように思《おも》える動画《どうが》も多《おお》いが、それでも視聴者《しちょうしゃ》は多数《たすう》いる。ユーチューバーはいわば個性《こせい》のかたまりだ。その個性《こせい》に触《ふ》れることで、視聴者《しちょうしゃ》は、自身《じしん》の個性《こせい》にも存在価値《そんざいかち》があるはずだということを、半《なか》ば無意識《むいしき》に、たしかめているのかもしれない。

そういう意味《いみ》では、テレビをにぎわす芸人《げいにん》、役者《やくしゃ》、歌手《かしゅ》らとユーチューバーは、共通性《きょうつうせい》がある。彼《かれ》らはみな、自《みずか》らの個性《こせい》に共感《きょうかん》してくれる視聴者《しちょうしゃ》・ファンに支《ささ》えられ、また逆《ぎゃく》に彼《かれ》らを間接的《かんせつてき》に支《ささ》えながら、対価《たいか》を得《え》ている。

一方《いっぽう》、eスポーツ選手《せんしゅ》には、スポーツ選手《せんしゅ》との共通点《きょうつうてん》がある。常人《じょうじん》には到達《とうたつ》し得《え》ないレベルの技術《ぎじゅつ》を披露《ひろう》することで、競技《きょうぎ》を観戦《かんせん》する人々《ひとびと》に感動《かんどう》と、勇気《ゆうき》と、生《い》きる意《い》欲《よく》を与《あた》えてくれる。ハイレベルなスポーツ競技《きょうぎ》を見《み》たとき、誰《だれ》もがつぶやくひとことがある。「自分《じぶん》もがんばろう」。これは、立《りっ》派《ぱ》な社会貢献《しゃかいこうけん》である。

にもかかわらず、なぜ職業《しょくぎょう》ととらえるのが難《むずか》しいのか。その原因《げんいん》は、無形性《むけいせい》（デジタル性《せい》と言《い》ってもよい）にあるのだろうと思《おも》う。実体《じったい》を持《も》たない空間《くうかん》であるインターネットを媒体《ばいたい》にして、動画《どうが》を提供《ていきょう》する。実《じっ》体《たい》を持《も》たない空間《くうかん》であるコンピューターの画面上《がめんじょう》で、バーチャルに競技《きょうぎ》をする。

その無形性《むけいせい》から、ある種《しゅ》の「うさんくささ」を感《かん》じ、拒否感《きょひかん》を抱《いだ》く人《ひと》がいるのだろう。しかし、そうなると、「心理《しんり》カウンセラー」などといった職業《しょくぎょう》は、もっとうさんくさい職業《しょくぎょう》になってしまう。なにしろ、心《こころ》は目《め》に見《み》えない。また、人間《にんげん》の知性《ちせい》や感性《かんせい》という無形《むけい》の対象《たいしょう》に働《はたら》きかける職業《しょくぎょう》の筆頭《ひっとう》に挙《あ》げられるのは「教師《きょうし》」であろうが、実《じっ》体《たい》のない無形性《むけいせい》がうさんくさいのなら、教《きょう》師《し》もかなりうさんくささを持《も》っていると言《い》えるだろう。しかしそれらの職業《しょくぎょう》は、職業《しょくぎょう》として広《ひろ》く認知《にんち》されている。

こう考《かんが》えると、実《じつ》は、「職業《しょくぎょう》」の枠組《わくぐ》みなどそもそも流動的《りゅうどうてき》なものだということが分《わ》かる。

実体《じったい》のある労働《ろうどう》だけを職業《しょくぎょう》と考《かんが》えるような時代《じだい》は、とうに過《す》ぎている。それは昭和《しょうわ》の発想《はっそう》だ。ユーチューバーにせよeスポーツ選手《せんしゅ》にせよ、存在意義《そんざいいぎ》は大《おお》きい。職業《しょくぎょう》であることを、積極的《せっきょくてき》にみとめようではないか。

2 対比《たいひ》を整理《せいり》し、主張《しゅちょう》と理由《りゆう》を見抜《みぬ》く②

78～81ページ

❶ ① デジタル（の価値《かち》）

②

アナログ	デジタル
・連続性《れんぞくせい》を持《も》つ ・（つながっている）	・（断続性《だんぞくせい》）を持《も》つ ・切《き》れている
・つながれる人数《にんずう》が（有限《ゆうげん》） ・（時間《じかん》）がかかる ・（空間《くうかん》）的《てき》な広《ひろ》がりが弱《よわ》い ・体験《たいけん》の幅《はば》は狭《せま》い	**主張《しゅちょう》の理由《りゆう》** ・つながれる人数《にんずう》が（無限《むげん》） ・（時間《じかん》）がかからない ・（空間《くうかん》）的《てき》な広《ひろ》がりが強《つよ》い ・疑似体験《ぎじたいけん》によって体験《たいけん》の幅《はば》が広《ひろ》がる

③ デジタル化《か》の流《なが》れに異議《いぎ》を唱《とな》える人《ひと》たちがいる。たしかに、アナログが連続性《れんぞくせい》を持《も》ち、人《ひと》をつなぐ一方《いっぽう》で、デジタルは断続性《だんぞくせい》を持《も》ち、人《ひと》のつながりを切《き》るように思《おも》える。しかし、デジタルはつながれる人数《にんずう》が無限《むげん》であり、瞬時《しゅんじ》につながることができるうえ、つながりの空間的《くうかんてき》な広《ひろ》がりも強《つよ》い。疑《ぎ》似体験《じたいけん》の幅《はば》が広《ひろ》がることも考《かんが》えれば、デジタルの価値《かち》をとらえなおすべきであると言《い》える。173字《じ》

解説 要約の際に活用できる部分に——を引いています。参考にしてください。

▼デジタル教材《きょうざい》が学校現場《がっこうげんば》に導入《どうにゅう》され、授業《じゅぎょう》で活用《かつよう》され始《はじ》めている。いわゆるマルチメディアを使《つか》った授業《じゅぎょう》だ。そこでは、文字《もじ》・イラスト・写真《しゃしん》・音声《おんせい》・動画《どうが》などによる多様《たよう》な表現《ひょうげん》が可能《かのう》である。また、インターネットを活用《かつよう》した双方向《そうほうこう》・多方向《たほうこう》のコミュニケーションの可能性《かのうせい》も広《ひろ》がっている。こういった教材《きょうざい》は、理解力《りかいりょく》を高《たか》め、かつ発信力《はっしんりょく》を身《み》につけるために大《おお》いに役立《やくだ》つものと期待《きたい》されている。

ところが、こういったデジタル化《か》の流《なが》れに異議《いぎ》を唱《とな》える人《ひと》たちもいる。彼《かれ》らは言《い》う。デジタル教材《きょうざい》は人《ひと》と人《ひと》とのつながりを疎遠《そえん》にする、と。

彼《かれ》らは、電子《でんし》メールなどのツールも嫌《きら》う傾向《けいこう》にある。「メールは人間関係《にんげんかんけい》を疎遠《そえん》にする。自筆《じひつ》の手紙《てがみ》こそ、人《ひと》と人《ひと》をつなぐ。」――彼《かれ》らは、そう主張《しゅちょう》する。

学校《がっこう》の教室《きょうしつ》にテレビが初《はじ》めて設置《せっち》されたときも、きっと同様《どうよう》だったのだろう。「教《きょう》室《しつ》にテレビを置《お》くなんて、とんでもない！　画面《がめん》のなかの人間《にんげん》との関《かか》わりしか持《も》てなくなり、人間《にんげん》どうしの関《かか》わりを失《うしな》う。」などといった意見《いけん》が飛《と》んだはずだ。

しかし、どうだろう。今《いま》や、メールを利《り》用《よう》しない人《ひと》はほとんどおらず、テレビが置《お》かれていない教室《きょうしつ》など、一切《いっさい》ないに等《ひと》しい。

デジタルを嫌《きら》う人々《ひとびと》は、どうやらそこに冷《つめ》たさを感《かん》じるらしい。

たしかに、アナログが「連続性《れんぞくせい》」を持《も》つのに対《たい》し、デジタルは「断続性《だんぞくせい》」を持《も》つ。アナログは「つながって」おり、デジタルは「切《き》れて」いる。そこに冷《つめ》たいイメージを抱《いだ》くのも無理《むり》はない。

アナログ時計《どけい》には一秒《いちびょう》と二秒《にびょう》の中間《ちゅうかん》が存《そん》在《ざい》するが、デジタル時計《どけい》には存在《そんざい》しない。一秒《いちびょう》が瞬間的《しゅんかんてき》に二秒《にびょう》に変《か》わる。飛《と》び越《こ》えている。切《き》れている。

手紙《てがみ》にも、中間《ちゅうかん》がある。送《おく》り手《て》から受《う》け手《て》へと届《とど》けられていく間《あいだ》に、人《ひと》がいる。また、送《おく》り手《て》の書《か》いた生《なま》の筆跡《ひっせき》が直接《ちょくせつ》受《う》け手《て》に届《とど》く。たしかに、つながっている。一方《いっぽう》、電子《でんし》メールは、間《あいだ》に人《ひと》がいない。届《とど》くのも、間接的《かんせつてき》で機械的《きかいてき》な文字《もじ》だけだ。たしかに、切《き》れている。

しかし、考《かんが》えてみてほしい。

手紙《てがみ》が一度《いちど》につなげられる人数《にんずう》は、限《かぎ》られている。しかも、つながるために要《よう》する時間《じかん》は多大《ただい》だ。それに対《たい》して、メールは、一度《いちど》につながることのできる人数《にんずう》が事実上《じじつじょう》無限《むげん》に近《ちか》い。また、瞬間的《しゅんかんてき》につながることができるから、その分《ぶん》だけ多《おお》くのコミュニケーションを交《か》わすことができる。

テレビも、たしかにデジタルな存在《そんざい》ではあるが、人々《ひとびと》のつながりを断《た》ち切《き》るどころか、むしろ人々《ひとびと》をつなぐ役目《やくめ》を果《は》たしていると言《い》える。文字《もじ》・音声《おんせい》・動画《どうが》などを同時《どうじ》に扱《あつか》えるテレビが存在《そんざい》するからこそ、臨場《りんじょう》感《かん》ある「現場《げんば》」の空気《くうき》が見《み》る者《もの》に伝《つた》わり、現場《げんば》と茶《ちゃ》の間《ま》がつながった。テレビがなければ、テレビカメラの前《まえ》にいる人々《ひとびと》と、茶《ちゃ》の間《ま》の人々《ひとびと》とがつながることはあり得《え》なかった。

紙《かみ》とペンだけで、テレビに伝《つた》えうる臨場《りんじょう》感《かん》を伝《つた》えることはできない。遠《とお》い他国《たこく》の人々《ひとびと》の生《い》き様《ざま》をリアルに知《し》ることができるようになったのは、テレビのおかげである。「日本人《にほんじん》は着物《きもの》を着《き》て刀《かたな》を下《さ》げている」と思《おも》う外国人《がいこくじん》が減《へ》ったのも、テレビのおかげだ。

そのようなつながりを、バーチャルで疑《ぎ》似的《じてき》なものだとして切《き》り捨《す》てる人《ひと》たちは、「他国《たこく》の人々《ひとびと》の生活《せいかつ》を知《し》るためには実際《じっさい》に他国《たこく》へ行《い》くしかない」と言《い》うのだろうか。無理《むり》な話《はなし》だ。人間《にんげん》どうしに限《かぎ》った話《はなし》ではない。他《た》の生物《せいぶつ》とのつながりについても同様《どうよう》だ。海《うみ》の中《なか》の生物《せいぶつ》の暮《く》らしを知《し》るために海《うみ》へもぐれというのは、無理《むり》な話《はなし》だ。

無理《むり》だから、我々《われわれ》は写真《しゃしん》を撮《と》る。音声《おんせい》を録《と》る。映像《えいぞう》を撮《と》る。そして、それを通《とお》して疑似体験《ぎじたいけん》をしようとする。たしかに、実際《じっさい》の体験《たいけん》をできるならそれに越《こ》したことはないが、それができない環境《かんきょう》において、疑似《ぎじ》体験《たいけん》は、体験《たいけん》に準《じゅん》ずる価値《かち》を持《も》つのである。

文字《もじ》や紙《かみ》だけでは、疑似体験《ぎじたいけん》すらできない。

「ならば想像力《そうぞうりょく》を働《はたら》かせればいいではないか」と言《い》うかもしれない。しかし、想像《そうぞう》するためには、結局《けっきょく》のところそのきっかけとなる実体験《じったいけん》が必要《ひつよう》である。その実体験《じったいけん》が無《む》理《り》ならば、疑似体験《ぎじたいけん》をすればいいだろう。

宇宙《うちゅう》に行《い》くことはできないが、宇宙《うちゅう》の映《えい》像《ぞう》を見《み》て宇宙《うちゅう》を疑似体験《ぎじたいけん》し、それをもとに想像《そうぞう》することはできる。もしも宇宙《うちゅう》の映像《えいぞう》すらなかったならば、その想像《そうぞう》はいかにもリアリティのない、めちゃくちゃな幻想《げんそう》に終始《しゅうし》するだろう。それでいいのだろうか。

マルチメディアは、五感《ごかん》に迫《せま》ってくる。疑似的《ぎじてき》とは言《い》え、それは生々《なまなま》しい感覚《かんかく》をもたらす。「冷《つめ》たい」というよりむしろ、「温《あたた》かい」存在《そんざい》であると言《い》えるだろう。

デジタルは冷《つめ》たい、アナログは温《あたた》かい。そろそろ、そういった固定観念《こていかんねん》を捨《す》てるべきではなかろうか。


「遠い他国の人々の生き様をリアルに知ることができる」「海の中の生物の暮らしを知る」といった具体例は、抽象化すれば、「空間的な広がり」のことであるととらえられます。「時間」と「空間」は、いつもセットで頭に置いておくようにしましょう。

82〜85ページ

3 主張《しゅちょう》の具体例《ぐたいれい》を要約《ようやく》する

1

① 数値《すうち》というものは、時間《じかん》、お金《かね》、点数《てんすう》などにおける客観的《きゃっかんてき》な基準《きじゅん》を公平《こうへい》に示《しめ》してくれるという意《い》味《み》で価値《かち》がある。一方《いっぽう》で、数値《すうち》の存在《そんざい》は、時間《じかん》がない、お金《かね》がない、点数《てんすう》が取《と》れない、というように、それが少《すく》ないことによる苦《くる》しみを明確《めいかく》に自覚《じかく》するきっかけにもなっている。　123字《じ》

解説　ヒントページ（86・87ページ）参照

2

① 校長先生《こうちょうせんせい》の話《はなし》を聞《き》き、「個性的《こせいてき》な絵《え》」と「個性《こせい》的《てき》でない絵《え》」の違《ちが》いについて疑問《ぎもん》を持《も》ち、立《た》ち止《ど》まって、その対比関係《たいひかんけい》を整理《せいり》してみる。それは、

「他《た》の絵《え》との違《ちが》いがあるかどうか」や、「個人《こじん》の特《とく》徴《ちょう》が出《で》ているか、集団《しゅうだん》に埋《う》もれてしまうか」といった観点《かんてん》で整理《せいり》できる。また、「単《たん》に上手《じょうず》な絵《え》ではなく個性的《こせいてき》な絵《え》」とはどういうことかについても対比的《たいひてき》に考《かんが》えると、「まねできる技術《ぎじゅつ》の高《たか》さだけでなく、まねできない芸術性《げいじゅつせい》を備《そな》えた絵《え》」であることに気《き》づく。こうしたことを、耳《みみ》で聞《き》いただけで整理《せいり》できるようにすることが大切《たいせつ》であるということ。246字《じ》

解説

ヒントページ（87ページ）参照

——部が、要約の際に活用できる部分です。

▼校長先生《こうちょうせんせい》が、全校生徒《ぜんこうせいと》を前《まえ》にして話《はなし》をすることがありますね。月曜《げつよう》の朝会《ちょうかい》などの場《ば》面《めん》です。

校長先生《こうちょうせんせい》のお話《はなし》は、季節《きせつ》にちなんだ話題《わだい》、行事《ぎょうじ》の話題《わだい》など様々《さまざま》ですが、コンクールで賞《しょう》を取《と》り表彰《ひょうしょう》された作品《さくひん》にコメントするようなこともあります。

「先《さき》ほど表彰《ひょうしょう》された五年生《ごねんせい》の○○さんの描《か》いた絵《え》を、先生《せんせい》も見《み》てみたんです。とても個性的《こせいてき》な絵《え》でした。単《たん》に上手《じょうず》な絵《え》というのではなく、○○さんらしい絵《え》だったんですね。図工室《ずこうしつ》の前《まえ》に掲示《けいじ》するようですから、ぜひ、休《やす》み時間《じかん》に見《み》に行《い》ってみてください」

これを受動的《じゅどうてき》に聞《き》いている子《こ》は、「へえ、○○さんってそんなに絵《え》の才能《さいのう》があるんだ」といった程度《ていど》のことしか頭《あたま》に浮《う》かびません。

一方《いっぽう》、能動的《のうどうてき》に聞《き》いている子《こ》は、どうでしょう。

「個性的《こせいてき》な絵《え》がほめられてるけど、じゃあどんな絵《え》はほめられないんだろう？」

「単《たん》に上手《じょうず》な絵《え》ではなく○○さんらしい絵《え》って、どういう意味《いみ》だろう？　○○さんの絵《え》は下手《へた》だってことかな？　いや、そうじゃないよな」

こんなふうに、話《はなし》の中《なか》に直接《ちょくせつ》は含《ふく》まれていないことを考《かんが》える。これが、能動的《のうどうてき》に聞《き》くということです。それは、疑問《ぎもん》を持《も》ちながら聞《き》くことであるとも言《い》えます。

でも、疑問《ぎもん》を持《も》てばそれでよいかというと、そうではありません。そこから先《さき》へ進《すす》み、疑問《ぎもん》の答《こた》えを見《み》つけるには、立《た》ち止《ど》まって考《かんが》えてみることが必要《ひつよう》です。

個性《こせい》とは、個々《ここ》の違《ちが》いを意味《いみ》します。

そこで、次《つぎ》のように対比関係《たいひかんけい》を整理《せいり》してみます。

個性的《こせいてき》な絵《え》……他《た》の絵《え》との違《ちが》いがある絵《え》
個性的《こせいてき》でない絵《え》……他《た》の絵《え》と似《に》ている絵《え》

また、「個《こ》」という文字《もじ》をヒントに反対語《はんたいご》を思《おも》い浮《う》かべると、こんなふうにも整理《せいり》できます。

個性的《こせいてき》な絵《え》……個人《こじん》の特徴《とくちょう》が出《で》ている絵《え》
個性的《こせいてき》でない絵《え》……集団《しゅうだん》に埋《う》もれてしまうような絵《え》

ここまでで、先《さき》に挙《あ》げた二《ふた》つの疑問《ぎもん》のうち前半《ぜんはん》はおおむね解決《かいけつ》しました（実際《じっさい》に図工室前《ずこうしつまえ》の絵《え》を見《み》れば、より具体的《ぐたいてき》に理解《りかい》できることでしょう）。さて、次《つぎ》に後半《こうはん》です。

「単《たん》に上手《じょうず》な絵《え》ではなく〇〇さんらしい（＝個性的《こせいてき》な）絵《え》」とは、どういうことなのか。

一般《いっぱん》に、上手《じょうず》・下手《へた》というのは技術《ぎじゅつ》の高低《こうてい》を基準《きじゅん》にしています。技術《ぎじゅつ》とは、原則《げんそく》として「誰《だれ》にでもまねできる」ものです。一方《いっぽう》で、まねできないものは「芸術的《げいじゅつてき》である」と表現《ひょうげん》できます。

そして、個性的《こせいてき》な絵《え》、つまり他《た》の絵《え》との違《ちが》いがある絵《え》というのは「まねできない」絵《え》のことであり、言《い》いかえれば芸術的《げいじゅつてき》な絵《え》であるというわけです。

そこに気《き》づけば、後半《こうはん》の疑問《ぎもん》には次《つぎ》のように答《こた》えることができます。

「単《たん》に上手《じょうず》な絵《え》ではなく〇〇さんらしい

（＝個性的《こせいてき》な）絵《え》」とは、「まねできる技術《ぎじゅつ》の高《たか》さだけでなく、まねできない芸術性《げいじゅつせい》を備《そな》えた絵《え》」のことである。

と、ここまでを、耳《みみ》で聞《き》いただけですぐに頭《あたま》の中《なか》で整理《せいり》するには、多《おお》くのトレーニングが必要《ひつよう》ではあります。しかし、トレーニングを積《つ》めば決《けっ》して不可能《ふかのう》なことではありません。これが、能動的《のうどうてき》に聞《き》くということの一《ひと》つのゴールなのです。

4 88～91ページ 長文《ちょうぶん》を要約《ようやく》する（逆説的文章《ぎゃくせつてきぶんしょう》）①

❶

① 相手《あいて》に対《たい》して気《き》を遣《つか》うことで、逆《ぎゃく》に相手《あいて》に気《き》を遣《つか》わせてしまうような気遣《きづか》いの連鎖《れんさ》は疲《つか》れてしまう。むしろ気《き》を遣《つか》わないことによって相手《あいて》にも気《き》を遣《つか》わせないようにするのが、本当《ほんとう》の気遣《きづか》いである。 89字《じ》

解説 ヒントページ（92ページ）参照

——部が、要約の際に活用できる部分です。

抽象的《ちゅうしょうてき》テーマ

日本人《にほんじん》というのは、とにかく気《き》を遣《つか》います。気遣《きづか》いはもちろんよいことですが、ちょっと気《き》になる場面《ばめん》があります。

←具体例《ぐたいれい》←

それは、観光地《かんこうち》などでよく遭遇《そうぐう》する、写真撮影《しゃしんさつえい》の場面《ばめん》です。

数《すう》メートル離《はな》れた場所《ばしょ》から、お父《とう》さんが自分《じぶん》の家族《かぞく》を撮影《さつえい》しようとしています。家族《かぞく》は立《た》ち位置《いち》を決《き》めたりポーズを考《かんが》えたりしていて、なかなか撮影《さつえい》が始《はじ》まりません。一方《いっぽう》、撮影者《さつえいしゃ》であるお父《とう》さんと、被写体《ひしゃたい》である家族《かぞく》との間《あいだ》を通行《つうこう》したい一般《いっぱん》の人々《ひとびと》は、撮影《さつえい》が終《お》わるまで気《き》を遣《つか》って待《ま》っています。迂回《うかい》しようのない一本道《いっぽんみち》の通路《つうろ》を横《よこ》にふさぐようにして撮影《さつえい》しているようなケースもよく見《み》かけます。それは正直《しょうじき》なところ、撮影者《さつえいしゃ》のほうに問題《もんだい》があるのであって、待《ま》ってあげる必要《ひつよう》もないくらいなのですが、それ

抽象《ちゅうしょう》的《てき》テーマが具体例《ぐたいれい》の中《なか》に示《しめ》されているのを見逃《みのが》さない

←**具体例《ぐたいれい》**←

でもたいていの日本人《にほんじん》は、気《き》を遣《つか》って待《ま》っています。

するとこ今度《こんど》は、お父《とう》さんがイライラし始《はじ》めました。

「ほら！　誰《だれ》がどこに立《た》つかなんてどうでもいいから、早《はや》く撮《と》るぞ！」

どうやら、今度《こんど》はお父《とう》さんのほうが、通行人《つうこうにん》を待《ま》たせてしまっていることに気《き》を遣《つか》い始《はじ》めたようです。お父《とう》さんは通行人《つうこうにん》に対《たい》して申《もう》し訳《わけ》なさそうに、「どうぞ、どうぞ」と声《こえ》をかけています。まだ撮《と》らないので通行《つうこう》していいですよ、ということのようです。

こんな気遣《きづか》いの連鎖《れんさ》は、疲《つか》れてしまうと思《おも》いませんか？

カメラを構《かま》えた人《ひと》が道《みち》をふさいでいるからといって、いちいち気《き》を遣《つか》って待《ま》ってあげるのではなく、さっさと通《とお》ってしまえばよいのです。シャッターというのは一瞬《いっしゅん》です。通行《つうこう》したからといって写《うつ》り込《こ》むとも限《かぎ》りません。もし写《うつ》り込《こ》んでも、撮《と》り直《なお》せばいいだけのことです。道《みち》をふさいでいるほうが悪《わる》いのですから。にもかかわらず待《ま》ってあげていることによって、お父《とう》さんをイライラさせてしまうのだとしたら、「待《ま》ってあげる」という気遣《きづか》いは、本当《ほんとう》に相手《あいて》のためになっているのでしょうか？　むしろ逆効果《ぎゃくこうか》なのではないでしょうか。

抽象《ちゅうしょう》的《てき》テーマ

こうしたことは、写真撮影《しゃしんさつえい》の場面《ばめん》に限《かぎ》ったことではありません。日本人《にほんじん》は、本当《ほんとう》の気遣《きづか》いとはどういうものなのかについて、一度《いちど》落《お》ち着《つ》いて考《かんが》えてみるほうがよさそうです。

❷ ①

教育《きょういく》とは「引《ひ》き出《だ》す」ことではなく、子《こ》ども自《じ》身《しん》が自身《じしん》の内側《うちがわ》から様々《さまざま》な知《ち》と心《こころ》とを引《ひ》き出《だ》すことができるよう、引《ひ》き出《だ》すための技術《ぎじゅつ》・方法《ほうほう》・型《かた》を与《あた》えることである。与《あた》えることを恐《おそ》れてはならない。与《あた》えることは待《ま》つことと矛盾《むじゅん》しない。まず与《あた》え、次《つぎ》に待《ま》つという優先順位《ゆうせんじゅんい》を守《まも》ればよい。

130字《じ》

別解　知《ち》と心《こころ》とを子《こ》どもの内側《うちがわ》から「引《ひ》き出《だ》す」のは、

教育者《きょういくしゃ》ではなく、子《こ》ども自身《じしん》である。そのための技術《ぎじゅつ》・方法《ほうほう》・型《かた》を子《こ》どもに「与《あた》える」ことこそが、教育《きょういく》である。与《あた》えることを恐《おそ》れてはならない。与《あた》えることは待《ま》つことと矛盾《むじゅん》しない。まず与《あた》え、次《つぎ》に待《ま》つという優先順位《ゆうせんじゅんい》を守《まも》ればよい。　128字《じ》

解説　ヒントページ（93ページ）参照
――部が、要約の際に活用できる部分です。

抽象的《ちゅうしょうてき》テーマ
抽象的主張《ちゅうしょうてきしゅちょう》

「教育《きょういく》」とは何《なん》なのか。

よく、「教育《きょういく》とは引《ひ》き出《だ》すことである」と言《い》われる。

しかし、私《わたし》なりに定義《ていぎ》すれば、教育《きょういく》とは「引《ひ》き出《だ》す」ことではない。

「引《ひ》き出《だ》す方法《ほうほう》を与《あた》える」ことだ。

子《こ》ども自身《じしん》が、子《こ》ども自身《じしん》の内側《うちがわ》から様々《さまざま》な知《ち》と心《こころ》とを引《ひ》き出《だ》すことができるよう、「引《ひ》き出《だ》すための技術《ぎじゅつ》・方法《ほうほう》・型《かた》」を、与《あた》えること。

それが、教育《きょういく》なのである。

「念《ねん》のため」のやや具体的《ぐたいてき》な補足説明《ほそくせつめい》

念《ねん》のために書《か》いておくが、私《わたし》はいわゆる「詰《つ》め込《こ》み」推進派《すいしんは》ではない。些末《さまつ》な知識《ちしき》をどんどん詰《つ》め込《こ》め、と言《い》っているのではない。「詰《つ》め込《こ》み」という言葉《ことば》は世間《せけん》で一人歩《ひとりある》きしている感《かん》がある。意味不明《いみふめい》のレトリックだ。言葉遊《ことばあそ》びである。教育《きょういく》を語《かた》るとき、この言葉《ことば》を持《も》ち出《だ》さないほうがよい。

私《わたし》はあくまでも積極教育派《せっきょくきょういくは》だが、メチャクチャなやり方《かた》で一方的《いっぽうてき》に教《おし》えよと言《い》っているのではない。

抽象的主張《ちゅうしょうてきしゅちょう》

技術《ぎじゅつ》を「与《あた》える」ということを恐《おそ》れるな、と言《い》っているのである。

教《おし》える。与《あた》える。させる。指導《しどう》する。どれも、恐《おそ》れる必要《ひつよう》はない。

国語《こくご》であれ数学《すうがく》であれ、先人《せんじん》が創造《そうぞう》したそういった思考《しこう》の技術《ぎじゅつ》を積極的《せっきょくてき》に与《あた》え、活用《かつよう》する練《れん》習《しゅう》を積《つ》ませよ、と言《い》っているのである。

その技術《ぎじゅつ》を子《こ》ども自身《じしん》が自分《じぶん》で生《う》み出《だ》せるまで「待《ま》つ」などという無謀《むぼう》なことは避《さ》けるべきだ。

「つけ加《くわ》え」の具体的説明《ぐたいてきせつめい》

ここでつけ加《くわ》えておくが、私《わたし》は灰谷健次郎《はいたにけんじろう》のファンである。氏《し》の本《ほん》はかなり読《よ》んだ。氏《し》は、圧倒的《あっとうてき》に消極教育推進派《しょうきょくきょういくすいしんは》である。「待《ま》つ」ことを旨《むね》とせよ。それが氏《し》の主張《しゅちょう》である。

抽象的主張《ちゅうしょうてきしゅちょう》

私《わたし》はそれを支持《しじ》している。ここに矛盾《むじゅん》はない。待《ま》つことと与《あた》えることは、相互《そうご》に矛盾《むじゅん》せず両立《りょうりつ》できる。

ただし、優先順位《ゆうせんじゅんい》がある。

まず与《あた》える。次《つぎ》に待《ま》つ。

これが肝心《かんじん》である。

技術《ぎじゅつ》を与《あた》え、練習《れんしゅう》を積《つ》ませる。しかる後《のち》に、待《ま》つ。

あとは、子《こ》ども自身《じしん》が技術《ぎじゅつ》を使《つか》って自由《じゆう》に生《い》きればいい。

具体的《ぐたいてき》(比喩的《ひゆてき》)説明《せつめい》

水《みず》を与《あた》え、しかる後《のち》に待《ま》つのである。

水《みず》を与《あた》えずに芽《め》が出《で》るのを待《ま》っていても、永《えい》遠《えん》に芽《め》は出《で》ない。

芽《め》が出《で》て、花《はな》が咲《さ》き、徐々《じょじょ》に自立《じりつ》を得《え》たならば、あとは子《こ》どもの自由《じゆう》である。

具体的《ぐたいてき》(比喩的《ひゆてき》)説明《せつめい》

子《こ》どもは、与《あた》えてもらった技術《ぎじゅつ》に感謝《かんしゃ》しながら、それを使《つか》って自由《じゆう》に生《い》きていくだろう。

人《ひと》は植物《しょくぶつ》ではないから、どこへでも行《い》ける。

どこへでも、行《い》けばいい。

「自転車《じてんしゃ》の乗《の》り方《かた》」だけを教《おし》えればいい。「自《じ》転車《てんしゃ》でどこへ行《い》くか」は自由《じゆう》。

「文章《ぶんしょう》の書《か》き方《かた》・読《よ》み方《かた》」だけを教《おし》えればいい。「何《なに》を書《か》くか・何《なに》を読《よ》むか」は自由《じゆう》。

そこを逆《ぎゃく》にすると、国語教育《こくごきょういく》が道徳教育《どうとくきょういく》になってしまう。

5 長文《ちょうぶん》を要約《ようやく》する（逆説的文章《ぎゃくせつてきぶんしょう》）②

❶

① 常識《じょうしき》とは、一般《いっぱん》の人間《にんげん》が当然《とうぜん》に持《も》つべき知識《ちしき》・判断《はんだん》のことである。知識《ちしき》とは、事実《じじつ》に近《ちか》い常識《じょうしき》のことであり、対象《たいしょう》につけられた名前《なまえ》であるとも言《い》える。これが、あらゆる判断《はんだん》の前提《ぜんてい》となる。そして、名《な》を知《し》るということは、世界《せかい》を広《ひろ》げることでもある。名《な》を知《し》らなければ、その対象《たいしょう》は「存在《そんざい》しない」とも言《い》える。「大人《おとな》になる」とは、抽象的《ちゅうしょうてき》思考《しこう》ができるようになることを意味《いみ》する。そのときに欠《か》かせないのは、実《じつ》は具体化力《ぐたいかりょく》である。抽象《ちゅうしょう》的思考《てきしこう》をしようとするとき、まずは必《かなら》ず具体化《ぐたいか》のステップを踏《ふ》む。具体化《ぐたいか》は、比喩《ひゆ》の場合《ばあい》もある。いずれにせよ、具体化《ぐたいか》のためには、名前《なまえ》、すなわち知識《ちしき》を持《も》つ必要《ひつよう》がある。知識《ちしき》があればあるほど、具体的《ぐたいてき》にものを考《かんが》え、抽象概念《ちゅうしょうがいねん》を説明《せつめい》できるようになる。これは、知識《ちしき》が読《よ》み書《か》きを支《ささ》える、ということでもある。 338字《じ》

解説 ヒントページ（104ページ）参照

——部が、要約の際に活用できる部分です。148〜151ページと同様、〈抽象〉と〈具体〉を大まかに整理しながら、チェックしてみましょう。

▼ここで、常識《じょうしき》とは何《なに》かということを考《かんが》えておかなければなりません。

常識《じょうしき》とは、一般《いっぱん》の人間《にんげん》が当然《とうぜん》に持《も》つべき知《ち》識《しき》・判断《はんだん》のことです。たとえば、「赤信号《あかしんごう》では止《と》まらなければならない」というのは、当然《とうぜん》に持《も》つべき知識《ちしき》・判断《はんだん》です。

ただし、この「判断《はんだん》」のほうは、やや主観《しゅかん》が入《はい》る場合《ばあい》もあります。たとえば、「帰《かえ》ったら手《て》を洗《あら》うべき」「図書館《としょかん》では静《しず》かにすべき」などというのは、常識的判断《じょうしきてきはんだん》ではありますが、客観《きゃっかん》的《てき》な「事実《じじつ》」であると表現《ひょうげん》することはできません。こういう類《たぐい》の常識《じょうしき》、すなわち意見《いけん》や判断《はんだん》は、時代《じだい》・地域《ちいき》・年齢《ねんれい》・性別《せいべつ》・立場《たちば》・職業等《しょくぎょうとう》によっ

て変化《へんか》します。この本《ほん》では、そういった変化《へんか》の余《よ》地《ち》が残《のこ》る常識《じょうしき》ではなく、できるだけ変化《へんか》の余《よ》地《ち》が残《のこ》らない、「事実《じじつ》」に近《ちか》い常識《じょうしき》を集《あつ》めました。

事実《じじつ》に近《ちか》い常識《じょうしき》。

それが、いわゆる「知識《ちしき》」です。

「赤信号《あかしんごう》は止《と》まるべき」という以前《いぜん》に、「その色《いろ》を赤《あか》と呼《よ》ぶ」という部分《ぶぶん》。

言《い》ってしまえば、「名前《なまえ》」です。

その対象《たいしょう》につけられた名前《なまえ》を知《し》ること。

これが、あらゆる「判断《はんだん》」の前提《ぜんてい》となるわけです。

そもそも、「識《しき》」という字《じ》には、「しるし」という意味《いみ》があります。

「それが何《なん》であるか」を明確《めいかく》にし、類似《るいじ》した他《た》の存在《そんざい》と区別《くべつ》し分《わ》けるための記号《きごう》。それが「しるし」であり、「名前《なまえ》」であり、「知識《ちしき》」なのです。

他《た》と「識別《しきべつ》」するための「標識《ひょうしき》」ということですね。

山道《さんどう》に咲《さ》くその青紫色《あおむらさきいろ》の花《はな》が「トリカブト※」という名《な》であると知《し》っているかどうかは、生死《せいし》を分《わ》けます。名《な》を知《し》らなければ、判断《はんだん》はできないわけです。

※猛毒《もうどく》の植物《しょくぶつ》

そして、名《な》を知《し》るということは、世界《せかい》を広《ひろ》げることでもあります。

日本語《にほんご》では「米《こめ》」「稲《いね》」「ご飯《はん》」などと複数《ふくすう》の名《な》を持《も》つそれを、英語《えいご》では通常《つうじょう》、単《たん》にｒｉｃｅ《ライス》と表現《ひょうげん》します。稲作文化《いなさくぶんか》の日本《にほん》では、それについての世界《せかい》がアメリカなどよりも広《ひろ》がっていると言《い》えるでしょう。

もっと単純《たんじゅん》な話《はなし》、「アメリカ」「フランス」「中国《ちゅうごく》」「インド」などといった国《くに》の名前《なまえ》を何《なに》も知《し》らなければ、それらは単純《たんじゅん》に「外国《がいこく》」という一《ひと》つのくくりになってしまうでしょう。それらの名前《なまえ》を知《し》らない人《ひと》にとっては、アメリカもフランスも中国《ちゅうごく》もインドも「存在《そんざい》しない」のです。彼《かれ》にとって、そこには「外国《がいこく》」しか存在《そんざい》しません。

他《た》と区別《くべつ》するための名前《なまえ》を知《し》るということ、

すなわち知識《ちしき》を持《も》つということがいかに大切《たいせつ》であるか。

お分《わ》かりいただけましたか。

最近《さいきん》の教育界《きょういくかい》では、「知識《ちしき》の詰《つ》め込《こ》み」などと批判《ひはん》し知識《ちしき》を軽視《けいし》する向《む》きがありますが、とんでもないことです。

知《し》らなければ知《し》らないほど、世界《せかい》は狭《せま》くなる。

こんなに痛《いた》ましいことはありません。

知《し》れば知《し》るほど、世界《せかい》が広《ひろ》がる。

こんなに素晴《すば》らしいことはありません。

少《すこ》し違《ちが》う角度《かくど》から考《かんが》えましょう。

「大人《おとな》になる」とは、どういうことでしょうか。

それは、一《ひと》つには、「抽象的思考《ちゅうしょうてきしこう》ができるようになる」ということを意味《いみ》します。

スポーツはなぜ人《ひと》を勇気《ゆうき》づけるのか。友《とも》だちとはどういうものか。はたまた、正義《せいぎ》とは何《なに》か。

こういったことを考《かんが》えられるのが、「大人《おとな》」です。

子《こ》どもは一〇歳前後《じっさいぜんご》からそういう思考《しこう》がグンとできるようになります。中学受験《ちゅうがくじゅけん》などでも、そういう思考力《しこうりょく》（抽象化力《ちゅうしょうかりょく》）こそが試《ため》されるわけです。

そのときに欠《か》かせないのは、実《じつ》は、具体化力《ぐたいかりょく》です。

スポーツはなぜ人《ひと》を勇気《ゆうき》づけるのかを考《かんが》えるとき、「たとえば野球《やきゅう》では……」と具体化《ぐたいか》せずに考《かんが》えることは不可能《ふかのう》です。人《ひと》は、抽象的思考《ちゅうしょうてきしこう》をしようとするとき、まずは必《かなら》ず具体化《ぐたいか》のステップを踏《ふ》むのです。

野球《やきゅう》を知《し》らなければ、その分《ぶん》だけ、「スポーツとは」という抽象的思考《ちゅうしょうてきしこう》もしづらくなるということです。

具体化《ぐたいか》は、比喩《ひゆ》の場合《ばあい》もあります。

「あの子《こ》はクラスの太陽《たいよう》だ」というのは、「あの子《こ》はクラスを明《あか》るくしてくれる」という抽象《ちゅうしょう》的思考《てきしこう》を比喩《ひゆ》で表現《ひょうげん》したものです。「太陽《たいよう》」と言《い》い表《あらわ》すことによって、その人《ひと》の明《あか》るさをより明確《めいかく》に表現《ひょうげん》できます（正確《せいかく》には「明《あか》るさ」自体《じたい》も比喩《ひゆ》です）。

比喩《ひゆ》は、絵《え》が浮《う》かびます。形《かたち》があります。具体的《たいてき》です。

具体的《ぐたいてき》なものには、「名前《なまえ》」があります。

他《た》と区別《くべつ》・識別《しきべつ》できる名前《なまえ》を有《ゆう》すること、それを「具体的《ぐたいてき》」と言《い》います。野球《やきゅう》も太陽《たいよう》も、同《おな》じです。

もうお気《き》づきですね。そうです。

「知識《ちしき》」とは、思考《しこう》を支《ささ》えるものなのです。

「知識《ちしき》」があればあるほど、私《わたし》たちは具体的《ぐたいてき》にものを考《かんが》えることができます。具体例《ぐたいれい》をたくさん持《も》っている人《ひと》は、それを抽象化《ちゅうしょうか》することもたやすくなります。「外国《がいこく》」しか知《し》らない人《ひと》は、「外国《がいこく》」を説明《せつめい》できません。「アメリカ」「フランス」「中国《ちゅうごく》」「インド」を知《し》っているからこそ、「外国《がいこく》」という抽象概念《ちゅうしょうがいねん》を説明《せつめい》できます。

今《いま》、知識《ちしき》は思考《しこう》を支《ささ》える、と書《か》きました。

これは、言《い》いかえれば、「知識《ちしき》は読《よ》み書《か》きを支《ささ》える」ということでもあります。

書《か》く力《ちから》、読《よ》む力《ちから》。それは、イコール思考力《しこうりょく》です。

知識《ちしき》が多《おお》い人《ひと》ほど、読《よ》む力《ちから》も書《か》く力《ちから》も高《たか》くなるのです。

100～103ページ

6 長文《ちょうぶん》を要約《ようやく》する（逆説的文章《ぎゃくせつてきぶんしょう》）③

❶

①言葉《ことば》とは、意味《いみ》を切《き》り分《わ》け、世界《せかい》を生《う》み出《だ》すものである。切《き》り分《わ》けた分《ぶん》だけ、認識《にんしき》できるものごとが増《ふ》える。言語学《げんごがく》では、この切《き》り分《わ》けを「分節《ぶんせつ》」と呼《よ》ぶ。言葉《ことば》があるからこそ、指示対象《しじたいしょう》が存在《そんざい》するようになる。先《さき》に指示対象《しじたいしょう》があって、そこに言葉《ことば》を付与《ふよ》していくのではない。大切《たいせつ》なのは、この順序《じゅんじょ》である。言葉《ことば》が先《さき》だからこそ、言葉《ことば》を意識的《いしきてき》に使《つか》うことが大切《たいせつ》になる。そういう人《ひと》は、明確《めいかく》な意味世界《いみせかい》を持《も》つことができる。世界《せかい》を広《ひろ》げ、人生《じんせい》を楽《たの》しむには、言葉《ことば》を意識的《いしきてき》・選択的《せんたくてき》に使《つか》っていくことが、不可欠《ふかけつ》なのである。 234字《じ》

解説　ヒントページ（105ページ）参照

——部が、要約の際に活用できる部分です。148～151ページと同様、〈抽象〉と〈具体〉を大まかに整理しながら、チェックしてみましょう。

▼言葉《ことば》とは、そもそもどのような働《はたら》きを持《も》つのでしょうか。最後《さいご》に、この本質的《ほんしつてき》な問《と》いについて考《かんが》えておきたいと思《おも》います。

端的《たんてき》に言《い》えば、言葉《ことば》は、意味《いみ》を切《き》り分《わ》け、世《せ》界《かい》を生《う》み出《だ》すものです。

言葉《ことば》の指示対象《しじたいしょう》は、言葉《ことば》があって初《はじ》めて、そこに「存在《そんざい》」するようになります。

さて、どういうことでしょうか。

私《わたし》は、子《こ》どもたちによくこう伝《つた》えます。

今《いま》、宇宙人《うちゅうじん》が地球《ちきゅう》にやって来《き》たとします。上空《じょうくう》から地上《ちじょう》を見《み》て、あれがアメリカ、あれが日本《にほん》、あれが中国《ちゅうごく》……と区別《くべつ》できるでしょうか。できないでしょう。

もっと地上《ちじょう》に近《ちか》づいたとき、あれが人間《にんげん》、あれが猿《さる》、あれがチンパンジー……と区別《くべつ》できるでしょうか。できないでしょう。

あれは田中《たなか》さん、あれは鈴木《すずき》さん、あれは山《やま》本《もと》さん、という区別《くべつ》は？　これも、できないでしょう。

なぜでしょうか。それは、「言葉《ことば》」を持《も》たないからです。

宇宙人《うちゅうじん》でなく地球人《ちきゅうじん》であっても、いや、日本《にほん》人《じん》であっても、同様《どうよう》の例《れい》は無限《むげん》にあります。

ある幼児《ようじ》が、綿菓子《わたがし》を見《み》て「ちっちゃい雲《くも》だね」と言《い》ったとします。

それを聞《き》いた親《おや》は、わが子《こ》は比喩《ひゆ》がうまい、詩的《してき》だと感心《かんしん》するでしょう。

しかし、それはもしかすると、言葉《ことば》を持《も》たなかっただけのことかもしれません。本当《ほんとう》に「雲《くも》」だと思《おも》ったのかもしれません。白《しろ》くてふわふわした対象《たいしょう》は全《すべ》て「雲《くも》」と呼《よ》ぶのだと勘違《かんちが》いしていたのかもしれない、ということです。

そこで、親《おや》がわが子《こ》の知識《ちしき》の有無《うむ》を確《たし》かめ、これは「綿菓子《わたがし》」とか「綿《わた》あめ」とか呼《よ》ばれるものなんだよ、と教《おし》えれば、その子《こ》は新《あたら》しい知《ち》識《しき》を獲得《かくとく》したことになります。

そのとき、その子《こ》の脳内《のうない》には新《あたら》しい「言葉《ことば》」と新《あたら》しい「意味《いみ》」が生《う》まれました。

かつ、「雲《くも》」という言葉《ことば》の意味範囲《いみはんい》から、綿《わた》菓子《がし》が消《き》えました。

より身近《みぢか》な例《れい》も挙《あ》げておきましょう。

あなたが新社会人《しんしゃかいじん》として会社《かいしゃ》など何《なん》らかの組《そ》織《しき》に所属《しょぞく》した最初《さいしょ》の日《ひ》のことを、思《おも》い出《だ》してください。

あなたにとって、周囲《しゅうい》にいる人々《ひとびと》は皆《みな》、「社《しゃ》員《いん》」でしかありませんでした。

しかし、日《ひ》が経《た》つにつれ、あの人《ひと》は「部長《ぶちょう》」、あの人《ひと》は「課長《かちょう》」、あの人《ひと》は「係長《かかりちょう》」だと認識《にんしき》し、区別《くべつ》するようになりました。あるいは、あの人《ひと》は「佐々木《ささき》」、あの人《ひと》は「川崎《かわさき》」、あの人《ひと》は「島《しま》田《だ》」であることを、知《し》りました。

社員《しゃいん》という言葉《ことば》しか持《も》たなかったうちは対象《たいしょう》を切《き》り分《わ》けることができていませんでしたが、部長《ぶちょう》・課長《かちょう》・係長《かかりちょう》、佐々木《ささき》・川崎《かわさき》・島田《しまだ》という言葉《ことば》を持《も》ちそれが何《なに》を指《さ》し示《しめ》すのかを認識《にんしき》したあとでは、対象《たいしょう》を切《き》り分《わ》けることができるようになりました。

だいたい、お分《わ》かりいただけたでしょう。

言葉《ことば》というものは、増《ふ》えれば増《ふ》えるほど、対《たい》象《しょう》※を細《こま》かく切《き》り分《わ》けます（※正確《せいかく》には「対象《たいしょう》のイメージ」）。

その分《ぶん》だけ、認識《にんしき》できるものごとが増《ふ》えます。

言語学《げんごがく》では、この切《き》り分《わ》けを「分節《ぶんせつ》」と呼《よ》びます。

認識《にんしき》・識別《しきべつ》・判別《はんべつ》・判断《はんだん》・意識《いしき》・知識《ちしき》・常《じょう》識《しき》・分解《ぶんかい》・分析《ぶんせき》・理解《りかい》・整理《せいり》……等々《とうとう》、どれも「分節《ぶんせつ》」の意味《いみ》を備《そな》えています。

先《さき》ほどは名詞《めいし》を例《れい》に挙《あ》げましたが、どんな言《こと》葉《ば》でも同《おな》じです。

形容詞《けいようし》。「重《おも》い」と「重《おも》たい」。

形容動詞《けいようどうし》。「華《はな》やか」と「きらびやか」。

動詞《どうし》。「持《も》つ」と「抱《いだ》く」。

どれも、言葉《ことば》がその意味《いみ》を細《こま》かく分節《ぶんせつ》しています。

単語《たんご》でなく、文《ぶん》でも文章《ぶんしょう》でも、全《まった》く同《おな》じことが言《い》えます。

言葉《ことば》があるからこそ、指示対象《しじたいしょう》が「存在《そんざい》」するようになります。

大切《たいせつ》なのは、この順序《じゅんじょ》です。

先《さき》に指示対象《しじたいしょう》があって、そこに言葉《ことば》を付与《ふよ》していくのではありません。

これは、言語論的転回《げんごろんてきてんかい》と呼《よ》ばれる考《かんが》え方《かた》です。哲学者《てつがくしゃ》・言語学者《げんごがくしゃ》であるソシュールらの言説《げんせつ》が、その代表格《だいひょうかく》です。

先《さき》に「重《おも》い物《もの》」があり、それをあとから「重《おも》い」と表現《ひょうげん》するのではありません。

先《さき》に「重《おも》い」という言葉《ことば》があり、それによってあとから「重《おも》い物《もの》」が生《う》み出《だ》されるのです。

だからこそ、言葉《ことば》が、大切《たいせつ》になります。

言葉《ことば》を無意識的《むいしきてき》に使《つか》う人《ひと》は、漠然《ばくぜん》とした意味《いみ》世界《せかい》しか持《も》ち得《え》ません。それは、狭《せま》く、暗《くら》く、知性《ちせい》も面白《おもしろ》みもない世界《せかい》です。

言葉《ことば》を意識的《いしきてき》に使《つか》う人《ひと》は、明確《めいかく》な意味世界《いみせかい》を持《も》つことができます。それは、広《ひろ》く、明《あか》るく、知性的《ちせいてき》で面白《おもしろ》い世界《せかい》です。

世界《せかい》を広《ひろ》げ、人生《じんせい》を楽《たの》しむには、言葉《ことば》を意識《いしき》的《てき》・選択的《せんたくてき》に使《つか》っていくことが、不可欠《ふかけつ》なのです。

解説

94ページの問題と、今回の問題は、どちらもテーマに共通性があります。

それは、「言葉」あるいは「知識」の本質について理解することの重要性です。

こうしたテーマそのものについてあらかじめ知っていると理解が早くなるのは、当然のことです。

要約とは、形式的操作だけで完了するものではありません。内容的知識があればこそ、「どこが主張なのか」ということを、素早く見出すことができるようになります。これを機に、さまざまな本を読み、知識を深めるようにしていきましょう。

福嶋隆史(ふくしま たかし)

1972年 横浜市生まれ
ふくしま国語塾 主宰
株式会社横浜国語研究所 代表取締役
学歴：早稲田大学第二文学部/創価大学教育学部
所属：日本リメディアル教育学会/
日本言語技術教育学会/日本テスト学会
著書多数：
代表作(大和出版)
・『「本当の国語力」が驚くほど伸びる本』
・「ふくしま式」問題集シリーズ
全著書一覧：yokohama-kokugo.jp/books/
著者YouTube：youtube.com/@fukukoku

全著書一覧　アマゾン著者ページ　YouTube

ふくしま国語塾

・通塾生、オンライン生募集中！（通年で入塾可）
・2006年創設　・対象：小3〜高3
・JR横須賀線 東戸塚駅 徒歩2分
・サイト yokohama-kokugo.jp/

ふくしま国語塾

全教科の成績アップに直結！
ふくしま式《しき》「本当《ほんとう》の要約力《ようやくりょく》」が身《み》につく問題集《もんだいしゅう》

2023年11月30日　初版発行
2024年11月8日　4刷発行

著　者……福嶋隆史《ふくしまたかし》
発行者……塚田太郎
発行所……株式会社大和出版
東京都文京区音羽1-26-11　〒112-0013
電話　営業部03-5978-8121／編集部03-5978-8131
https://daiwashuppan.com

印刷所／製本所……日経印刷株式会社

ISBN978-4-8047-6421-4